Von Albert Kitzler sind bereits folgende Titel erschienen:
Wie lebe ich ein gutes Leben? Philosophie für Praktiker
Denken heilt! Philosophie für ein gesundes Leben

Über den Autor:
Dr. Albert Kitzler, geb. 1955, studierte Philosophie und Jura in Freiburg i. Br. und war als wissenschaftlicher Mitarbeiter am Heidegger-Lehrstuhl tätig. Seit mehr als 20 Jahren ist er als erfolgreicher Medienanwalt und Filmproduzent (1994: Oscar für den Kurzfilm »Schwarzfahrer«) in Berlin ansässig. Seit 2000 beschäftigt er sich wieder intensiv mit der Philosophie im antiken Griechenland, in China und Indien. 2010 gründete er »MASS UND MITTE – Schule für antike Lebensweisheit«, wo er Seminare, Coachings sowie philosophische Matineen leitet und Vorträge hält. Albert Kitzler lebt in München und Berlin.

Albert Kitzler

Philosophie to go

Große Gedanken
für kleine Pausen

DROEMER

Besuchen Sie uns im Internet:
www.droemer.de

Vollständige Taschenbuchausgabe Juni 2017
Droemer Taschenbuch
© 2015 Pattloch Verlag
Ein Imprint der Verlagsgruppe
Droemer Knaur GmbH & Co. KG, München
Alle Rechte vorbehalten. Das Werk darf – auch teilweise – nur mit
Genehmigung des Verlags wiedergegeben werden.
Redaktion: Dr. Ulrike Strerath-Bolz
Covergestaltung: NETWORK! Werbeagentur GmbH
Coverabbildung: plainpicture / Millennium
Satz: Adobe InDesign im Verlag
Druck und Bindung: CPI books GmbH, Leck
ISBN 978-3-426-30137-1

Für Susanne

Wenn du auf meinen Rat etwas geben willst,
so folge, um dich glücklich zu machen,
den alten Meistern.

Sokrates

INHALT

VORWORT

Der Titel »Philosophie to go« scheint ein Widerspruch in sich zu sein, denn Philosophie ist ihrem Wesen nach »den Schritt anhalten«, zur Ruhe kommen, sich sammeln, nachdenken oder, wie die Inder sagten, sich zu den Füßen des Lehrers setzen und zuhören. Aber seit den alten Chinesen, in deren Philosophieren die Suche nach dem »rechten Weg« (Tao, Dao) im Zentrum stand, bis hin zu Heidegger, der sein Denken – wie Platon – als ein »Unterwegssein« verstand, war Philosophieren auch immer bewegt und bewegend. So passt es doch wieder, wenn wir einen Titel gewählt haben, der auch diejenigen Menschen »abholen« möchte, die meistens nur noch unterwegs Zeit finden, über sich und ihr Leben nachzudenken.

Das Buch ist aus einem »Newsletter« entstanden, den ich seit Januar 2011 jeden Morgen unter dem Titel »Worte der Weisheit« per E-Mail an Interessierte verschicke. Es sind unvergängliche Lebensweisheiten und Einsichten aus den bedeutendsten Werken antiker Denker in Ost und West. Ich habe sie jeweils mit kurzen Kommentaren versehen, die ihren Inhalt, ihre Aktualität und Relevanz für unser Leben erläutern. Vielen Lesern haben sie Kraft, Inspiration und Anregungen gegeben, manchen auch Trost und Halt in schwierigen Zeiten. Bis heute (Herbst 2015) sind zu rund 90 Themen über 1800 »Worte der Weisheit« erschienen. Es ist mir eine große

Freude, eine kleine Auswahl dieser Texte erstmals als Buch vorlegen zu können.

Ein weiser Gedanke

Um das Richtige zu tun, brauchen wir im richtigen Moment einen weisen Gedanken. Solche Gedanken sollten kurz sein, sonst behalten wir sie nicht. Sie sollten originell formuliert sein, überraschend, paradox, bildhaft oder besonders einfach, damit sie sich besser einprägen. Denn sie müssen »zur Hand sein«, wenn wir sie brauchen. Schließlich sollten sie eine tiefe Einsicht enthalten. Denn nur das Tiefe, Wahre und Bleibende hat auch jene Überzeugungskraft und Nachhaltigkeit, die nötig sind, damit sich eine Einsicht in unserer Erinnerung festsetzt und Einfluss ausüben kann auf unser Denken und Handeln. Allein darauf, auf die Wirkung für unser Leben, kommt es an. Jede Rede eines Philosophen, die uns nicht dabei hilft, unser Leben besser zu verstehen, eine Schwierigkeit zu meistern, ein Leiden zu mindern, unser Wohlbefinden zu steigern, kurz: unsere Lebensqualität zu verbessern – ist sinnlos (Epikur). Ändern wir nichts an unserem Denken, Fühlen oder Handeln, so wird sich nichts ändern. Es findet keine Entwicklung statt. Wo es aber keine Entwicklung mehr gibt, da fehlt die Lebendigkeit. »Wir gehen als Gespenst um« (Zhuangzi). Wer hingegen meint, in seinem Leben gebe es nichts zu verbessern, der ist entweder ein Gott, ein vollendeter Weiser, oder er erkennt das Potenzial nicht, das in ihm und in seinem Leben steckt. Nur die höchststehenden

Weisen und die tiefststehenden Narren sind unveränderlich, meinte Konfuzius.[1] Wer Mensch ist, ist Erbe menschlicher Schwächen. Und diese Schwächen und Unvollkommenheiten sind es, die uns das Leben manchmal schwermachen. Daher sollten wir versuchen, sie abzubauen und einzudämmen, um jeden Tag ein bisschen weiser zu werden (Epikur), und das heißt: ein bisschen zufriedener. Was uns dabei helfen kann, sind weise Gedanken.

Leben mit alten Weisheiten

Mich haben die Einsichten, Weisheiten, Anschauungen und Philosophien großer Denker und Weiser mein Leben lang begleitet. Sie haben meine Sichtweise positiv verändert, meine Freude am Leben gesteigert, mich vor Schaden bewahrt, haben mir über schwierige Zeiten hinweggeholfen und die Kraft gegeben, zu ertragen, was ich nicht ändern kann. Sie haben mich davon abgehalten, einseitig zu leben, meinem Körper zu schaden, exzessiv zu arbeiten, übertrieben selbstbezogen zu handeln, unaufmerksam zu leben. Sie haben mir die Kraft und den Mut gegeben, gegen den Strom zu schwimmen, materiellen Verlockungen zu widerstehen, Macht und Ansehen auszuschlagen, mich regelmäßig zu sammeln, Ruhe und Stille zu suchen, Freundschaften zu pflegen, auf die Schönheiten des Alltags zu achten und anderes mehr. Sie haben mein Leben zu dem gemacht, was es ist. Ich bin kein Weiser geworden. Was ich aber Gutes in meinem Leben errungen habe, das verdanke ich zum großen Teil einer immer wieder aufgenommenen und fortgeführten Beschäftigung mit dem antiken Weisheitsdenken. Ich werde diesen Weg fortsetzen und weiter versuchen, das zu ändern, was mich an mir stört und mein Wohlbefinden beeinträchtigt. Um zu lernen, gut zu leben, braucht es das ganze Leben (Seneca). Aber ich weiß, dass jeder noch so kleine Erfolg mich zufriedener machen wird.

Alles, was ich auf diesem Weg gewonnen habe, entwickelte sich erst im Laufe der Zeit, nach vielen Erfahrungen, Erfolgen wie Enttäuschungen, Erfüllungen wie Versagungen, Begegnungen wie Trennungen. Lange geschah der Einfluss eher unbewusst. Erst sehr spät erkannte ich, dass wir »Weisheiten« auch bewusst einüben können und sogar müssen, wenn wir unsere Lebensqualität verantwortungsvoll und kontinuierlich verbessern wollen.

Zu dieser Einsicht gelangte ich, als ich anfing, die vielen guten Gedanken, auf die ich während der Lektüre philosophischer Bücher stieß, systematisch zu sammeln, mir das Wichtigste herauszuschreiben, einzuprägen und im täglichen Leben »auszuprobieren«. Einzelne Spruchweisheiten, gelungene Formulierungen, Bilder oder Anekdoten wurden allmählich so präsent in meinem Denken und Bewusstsein, dass sie mir in konkreten Lebenssituationen sofort gegenwärtig waren und meine Reaktion im Denken, Fühlen und Handeln positiv beeinflussten. So fällt mir häufig das »Nichts zu sehr!« (Solon) ein und hält mich davon ab, etwas zu übertreiben, etwa zu viel zu essen oder zu trinken. »Achtsam zuhören und nicht viel reden« (Kleobulos) kommt mir in den Sinn, wenn ich in einem Gespräch zu viel von mir selbst erzähle und die anderen nicht ausreichend zu Wort kommen lasse. Immer wenn ich etwas tun möchte, was »man« gewöhnlich nicht tut, fällt mir Diogenes ein, der auf die Frage, warum er das Theater stets durch den Ausgang betrete, antwortete, »dass er dies sein ganzes Leben so gehalten habe«. Begegnet mir jemand missmutig, zornig oder aggressiv, fällt mir ein Ausspruch eines japanischen Weisen ein: »Lass dich durch die Dummheit der anderen nicht ärgern« (Kaibara Ekiken), oder: »Warte mit deiner Reaktion, bis der Zorn verflogen ist« (Pythagoras), oder: »Wende deinen Blick auf dich selbst und prüfe, ob du nicht ähnliche Fehler hast« (Marc Aurel). Die kontinuierliche Beschäftigung mit weisen Gedanken veränderte im Laufe der Zeit meine verinnerlichten Reaktionsmuster, so dass sich heute Zorn, Ärger und Aggression zumeist im Aufwallen bereits wieder verflüchtigen. Ich bin nicht empfindungslos geworden. Aber ich ärgere mich bei solchen Gelegenheiten nicht länger und kann souveräner und gelassener reagieren. Aus den guten Gedanken wurde eine Haltung, die mir Halt und Gelassenheit gibt. Dadurch wird der Aggression des anderen die Spitze genommen, das Gespräch gerät in konstruktive Bahnen und schaukelt sich nicht weiter hoch. Ich bin sehr froh darüber, für meinen persönlichen Bereich den Streit, also die aggressive Konfrontation (nicht Konflikt und Auseinandersetzung), aus der Welt geschafft zu haben. So erfüllte sich für mich ein Wort des Laotse, wonach »der Weise keinen Streit kennt«.

Gelingt es mir aber einmal nicht, die Ruhe zu bewahren, dann denke ich an Seneca, der empfahl, abends vor dem Schlafengehen den Tag Revue passieren zu lassen, um sich zu loben für das Gelungene und sich zu ermahnen für das, was noch weiter geübt werden sollte. Drohe ich schließlich auch in dieser Bemühung nachzulassen, motiviert mich vielleicht der Satz aus dem I Ging, »die Dauer ist die Art des Weisen«, eine bewährte Übung wieder aufzunehmen, bis sie endlich zu einer festen Gewohnheit und Lebenshaltung geworden ist. In dem Maße, wie auf diese Weise die eigenen Fehler und Schwächen Stück für Stück abgebaut werden, wächst die Freude am Leben und mehren sich die Momente des Glücks.

Diese Beispiele aus meinem persönlichen Lebensbereich sollen genügen, um die Wirkungsweise und den Nutzen von komprimierten Gedanken der praktischen Philosophie zu veranschaulichen. Wie jeder Leser versuche ich jeden Tag aufs Neue, das Beste aus meinem Leben zu machen, manchmal mit mehr, manchmal mit weniger Erfolg. Aber ich habe die Erfahrung gemacht, dass der hier beschriebene Umgang mit den Einsichten und Weisheiten großer Denker uns allen helfen kann, mit den Schwierigkeiten des Lebens besser zurechtzukommen und seine Schönheiten intensiver und bewusster zu genießen.

Es sollte natürlich nicht so sein, dass wir uns bei jeder Gelegenheit fragen, was würden Sokrates oder Konfuzius jetzt machen (obwohl das manchmal helfen kann). Am besten ist es ohnehin, überhaupt nicht mehr nachdenken zu müssen und aus unserer reifen und gefestigten Mitte heraus intuitiv das Richtige zu tun. Aber bis dahin ist es ein langer Weg.

Andererseits ist es eine Tatsache, dass jeder von uns

tagtäglich unzählige kleine und größere Entscheidungen trifft und dabei stets bewusst oder unbewusst Abwägungen vollzieht: Bleibe ich noch zehn Minuten im Bett liegen oder mache ich ein wenig Gymnastik? Esse ich eine weitere Portion? Fahre ich mit dem Auto, mit den Öffentlichen oder mit dem Fahrrad? Arbeite ich eine Stunde länger oder fahre ich nach Hause? Gehe ich laufen oder schaue ich TV? Nehme ich mir Zeit für meine Kinder, für meinen Partner oder für mich? usw. All diese Entscheidungen haben Einfluss auf unser Wohlbefinden. Immer können wir uns gut oder weniger gut entscheiden. Je besser wir lernen, überhaupt darüber nachzudenken, uns bewusst zu entscheiden und uns dabei von weisen Gedanken leiten zu lassen, umso besser bekommen wir unser Leben in den Griff und umso näher kommen wir uns selbst. Um uns aber »weise« zu entscheiden, brauchen wir Weisheitswissen, das abrufbar und möglichst präsent und verinnerlicht ist. Dieses Weisheitswissen in einer Form zu präsentieren, die die nötige Kompaktheit besitzt und trotzdem nicht an der Oberfläche bleibt, ist eines der Ziele der vorliegenden Sammlung.

Wie sollen die »Worte der Weisheit« gelesen werden?

Der Leser kann das Buch an jeder beliebigen Stelle aufschlagen und mit der Lektüre beginnen. Jede Seite ist in sich abgeschlossen und aus sich heraus verständlich. Den inneren Zusammenhang, der zwischen den einzelnen Texten und Themen besteht und sich in der Gesamtschau zu dem Ideal einer weisen und gelungenen Lebensführung zusammenschließt, wird der Leser im Laufe der Zeit selbst erkennen. In dem Nachwort wird genauer dargelegt, wie diese Weisheitstexte unser Leben bereichern können und dass diese Art des problem- und praxisorientierten Philosophierens eine lange Tradition hat, die vielen Menschen eine wertvolle Hilfe bei der Lebensbewältigung war.

Die Zitate stammen aus sehr alten Quellen, die teilweise nur bruchstückhaft überliefert sind und deren Übersetzung bisweilen große Schwierigkeiten bereitet, zumal wir vieles nur aus zweiter oder dritter Hand besitzen. Für den Umgang mit den nachstehenden Zitaten bedeutet dies, dass der Leser auf den Kern der Aussagen achten und darüber nachdenken sollte, was der Autor sagen wollte und welche Lebenssituationen er vor Augen hatte. Einwände lassen sich viele finden, zumal der erläuternde Kontext und die Begründungen hier regelmäßig fehlen. Es ist manchmal leichter, eine Weisheit zu »widerlegen«, als ihren tiefen Sinn mit all dem Ungesagten und nur Angedeuteten angemessen zu verstehen und die Relevanz für unser Leben zu erkennen. Was Horaz den Lesern seiner Satiren vorhielt, gilt für jede der hier ausgewählten Weisheiten: Von dir und deinem Leben sprechen sie.[2]

Wir werden daher am meisten Nutzen aus den Zitaten ziehen, wenn wir wohlwollend interpretieren und nicht leichtfertig Dinge, Aussagen und Lebenssituationen unterstellen, die der Autor nicht im Sinn hatte. Sokrates hat einmal empfohlen, die Worte von Weisen nicht allzu schnell beiseitezulegen, sondern sorgfältig zu überlegen, ob sie nicht wirklich etwas Wichtiges enthalten.[3] Das gilt auch uneingeschränkt hier. Alle Zitate stammen von herausragenden Philosophen und Weisen und aus Quellen, die seit Jahrtausenden Bestand haben und immer wieder bei den unterschiedlichsten Menschen, Kulturen und Nationen, in den unterschiedlichsten Epochen und Lebensumständen Bewunderer und Nachahmer gefunden haben. Wir sollten uns auch nicht an extremen Zuspitzungen stören, die manche Wendungen kennzeichnen. Es geht nicht darum, die gegebenen Ratschläge eins zu eins zu befolgen oder überhaupt zu übernehmen, sondern ihren Sinn zu erfassen und zu überlegen, wie wir diesen Sinn in unseren jeweiligen Lebensumständen nutzbar machen können. Wenn der griechische Philosoph Krates sein ganzes Vermögen mit den Worten verschenkt: »Krates, Sklave des Krates, entlässt Krates in die Freiheit«, so müssen wir es ihm nicht nachmachen und unseren Besitz verschenken. Es reicht aus, die Episode zum einen als einen mahnenden Hinweis darauf zu verstehen, dass uns Besitz auch belasten und unfrei machen kann; zum anderen aber auch als eine Aufforderung, es nicht bei der Einsicht zu belassen, sondern aus ihr diejenigen praktischen Schlüsse zu ziehen und umzusetzen, die in Anbetracht unserer Lebensumstände angemessen und ratsam sind und uns persönlich weiterbringen. In dem gegebenen Beispiel könnte dies etwa bedeuten, unserem Streben nach Besitz »ein Maß zu setzen« (Pindar). Die Zitate sind Denkanstöße, die wir mit unseren eigenen Erfahrungen vergleichen und verschmelzen sollten, um vielleicht einmal etwas auszuprobieren oder zu tun, was wir bisher nicht getan haben, um zu sehen, ob wir nicht auf diese Weise unsere Lebensqualität, Lebensfreude und unser Wohlbefinden verbessern können.

Zur Gestaltung dieses Buches

Die Auswahl der Themen und Zitate ist wie jede Auswahl subjektiv. Die Aufgabe war nicht leicht, denn im Durchschnitt lagen mir pro Thema zwischen fünfzig und zweihundert sinnverwandte Stellen vor. Ich habe mich bemüht, Zitate aus China, Indien, dem Abendland und aus dem alten Ägypten möglichst nebeneinanderzustellen, um sowohl die gedankliche Verwandtschaft als auch die Unterschiede sichtbar werden zu lassen. Der verbindende Gedanke soll wie durch ein Prisma aus verschiedenen Perspektiven in unterschiedlichen Brechungen aufleuchten. Wiederholungen waren beabsichtigt, um eine Vertiefung herbeizuführen.

Meine Kommentare und Interpretationen beschränken sich darauf, Fremdes zu erläutern, Hintergründe mitzuteilen, Geschichtliches zu ergänzen und – wenn nicht selbstredend – die Bedeutung des Gedankens für unser Leben hervorzuheben. Diese Bemerkungen sind kurz, punktuell und noch subjektiver als die Auswahl selbst. Sie sollen Raum lassen für eigene Gedanken und Auslegungen. Hier wie überall ist das »Selbstdenken« das Entscheidende. Sie erheben keinen Anspruch auf Wissenschaftlichkeit. Es sind Versuche einer Annäherung, die dazu noch häufig beschränkt sind auf einzelne Aspekte des Zitats. Sie gründen in einem Gesamtverständnis des Textes, des Autors, der Kultur, der Epoche, des antiken Weisheitsdenkens überhaupt, wie es sich in mir durch die langjährige fortgesetzte Beschäftigung mit den alten Texten gebildet hat. Was die Autoren seinerzeit wirklich gedacht haben, als sie den Text schrieben oder die Äußerung taten, weiß heute niemand mehr mit Bestimmtheit zu sagen. Schon jede Übersetzung ist Interpretation. Wie nahe wir dem kommen, was der Autor gedacht hat, scheint im Übrigen weniger wichtig zu sein als die Nähe zu der Sache selbst, zu der in dem Zitat zum Ausdruck kommenden Weisheit, die wir im inneren Dialog mit dem Text herstellen können. Es genügt, wenn uns das Zitat zu guten und brauchbaren Gedanken anregt, die geeignet sind, unsere Lebenspraxis positiv zu beeinflussen und etwas in Gang zu setzen.

Die Zitate sind orthographisch an unsere Schreibweise angepasst, bisweilen auch geringfügig, aber nie sinnentstellend abgeändert, um die Lesbarkeit und das Verständnis zu erleichtern. Häufig lagen mir mehrere Übersetzungen einer Stelle vor. Insbesondere bei den chinesischen Texten, bei denen die Übersetzungen bisweilen ganz erheblich voneinander abweichen, habe ich mich jeweils für diejenige entschieden, die mir aus dem Gesamtverständnis heraus die treffendste erschien. Hier sei dem Leser besonders angeraten, sich weniger an einzelne Worte zu halten, als vielmehr zu versuchen, den Sinn des Gedankens zu erfassen. Die Übersetzung altchinesischer Texte ist mit außerordentlichen Schwierigkeiten verbunden, so dass eine starre Interpretation einzelner Begriffe selten weiterführt. Die alten Chinesen selbst verwendeten identische Schriftzeichen in demselben Text nicht in einem festen, eindeutigen Sinn.

Die Fundstellen sind am Ende angegeben, um dem Interessierten Gelegenheit zur vertiefenden Lektüre zu geben. Dort führe ich auch einige Schriften an, die sich für ein Weiterlesen anbieten.

Es empfiehlt sich, lieber öfter und immer wieder zu diesem Buch zu greifen, als lange an einem Stück darin zu lesen. Die Zitate wollen bedacht und in ihrer inhaltlichen Fülle verstanden werden. Nicht alles wird gleich stark wirken, manches wird den Leser vielleicht gar nicht erreichen oder von ihm abgelehnt werden. Anderes wird sich vielleicht erst bei nochmaligem Lesen oder in anderen Stimmungen oder Lebenssituationen erschließen. Manche Zitate haben mir erst etwas gesagt, als ich sie zum wiederholten Mal gelesen habe, andere habe ich erst nach Jahren in ihrem vollen Gehalt erfasst. Die gelungensten Aussprüche sind wie Meisterwerke der Kunst, die wir immer wieder anschauen und in denen wir immer wieder etwas Neues entdecken können. Sie scheinen lebendig, ja unsterblich zu sein, vielleicht weil sie das Wesen des Lebens treffen, dem sie entsprungen sind.

Ich wünsche dem Leser viele nachhaltige Anregungen und manche Funde, seien es auch nur wenige oder nur ein einziger, den er zum Anlass nimmt, sein Leben und seine Persönlichkeit weiterzuentwickeln. Jeder Schritt, auch der kleinste, ist ein Fortschritt. Jeder Fortschritt ein Gewinn an Lebensfreude.

SELBSTERKENNTNIS

In weiter Ferne so nah

Erkenne dich selbst!

Jeder kennt diesen Ausspruch, der in der Eingangshalle des Apollontempels in Delphi eingraviert war. Von wem er stammt, weiß keiner mehr mit Sicherheit zu sagen. Er wird verschiedenen der sogenannten »Sieben Weisen« zugeschrieben oder auch Apollon selbst, dem Gott des Lichts, der Heilung und der Weisheit. Weniger bekannt dürfte seine ursprüngliche Bedeutung sein. Es war die Begrüßungsformel, mit der der Gott den Eintretenden willkommen hieß. Der Mensch war aufgefordert, sich – im Gegensatz zum Gott – als das zu erkennen und anzunehmen, was er ist: ein Sterblicher.[4] Er sollte sich stets bewusst sein, dass er, wie alles Lebendige, dem Werden und Vergehen unterworfen ist; dass die Vergänglichkeit eine Grundtatsache ist, die tief und vielfältig das Wesen des Menschen und seine Lebensverhältnisse bestimmt; dass der Mensch begrenzt, unvollkommen, ein Mangelwesen ist. Vielleicht fängt alle Selbsterkenntnis mit dieser Grenzerfahrung an – und endet auch mit ihr.

Ein Leben ohne Selbsterforschung ist es nicht wert,
gelebt zu werden. [5]

In diese berühmte Formel wendete *Sokrates* die Aufforderung des delphischen Gottes »Erkenne dich selbst!«. Sokrates lenkte damit den Blick der Philosophen vom Himmel auf die Erde; von der Erforschung des Kosmos, der Natur und der äußeren Erscheinungen, mit der sich die Philosophie vor Sokrates vornehmlich beschäftigte, auf die eigene Seele. Nur hier finden wir unser Glück und unsere Bestimmung, meinte Sokrates. Nur in uns selbst finden wir die Antworten auf die wichtigsten Lebensfragen: Was sollen wir tun? Was ist gut für uns? Was schadet uns? Was ist der Sinn unseres Daseins? Was macht uns glücklich? Wenn wir diese Fragen aus den Augen verlieren, werden alle anderen Fragen und damit das Leben selbst sinnlos. Wenn wir heute die Sinnfrage stellen oder über Orientierungslosigkeit klagen, so hat das die gleichen Gründe wie zu Zeiten des Sokrates: Wenn wir uns nicht immer wieder auf unsere Mitte besinnen, dann laufen wir Gefahr, uns im Äußeren zu verlieren.

Tat tvam asi! Das bist du![6]

Dies ist ein berühmter Ausspruch aus den *Upanishaden,* dem philosophischen Teil der altindischen Veden. Dahinter verbirgt sich eine ganze Philosophie. Aber auch eine einfache Wahrheit: Alles Lebendige gehört zusammen und ist eins, insofern es an dem einen Leben teilhat. Was wir einem anderen antun, das tun wir uns selbst an. Als Handlungsmaxime für das Zusammenleben laufen diese Worte darauf hinaus, sich im anderen zu erkennen. Schau nur genau hin, und du wirst entdecken, dass du allenfalls ein geringfügig glücklicherer Tropf bist! Wer eine solche Anschauung verinnerlicht hat, der verliert irgendwann jeglichen Groll gegen seine Mitmenschen. Das ist die Wurzel aller Mitmenschlichkeit, der Humanität, die keineswegs eine Erfindung des Abendlandes ist, wie manche glauben.

Ohne aus der Tür zu gehen,
kennt man die Welt.

Und weiter heißt es: *Ohne aus dem Fenster zu schauen, sieht man den Sinn (Dao, Tao) des Himmels. Je weiter einer hinausgeht, desto geringer wird sein Wissen.*[7]

Von Kant hieß es, er habe den Umkreis seiner Heimatstadt Königsberg nie verlassen. Es dürfte aber nicht viele gegeben haben, die die Welt und den Menschen besser kannten als er. Vielleicht gehörte der Autor des Zitats zu diesen wenigen. Der chinesische Philosoph *Laotse* bringt auf den Punkt, wozu Selbsterkenntnis (denn von nichts anderem ist hier die Rede) auch führt: zur Erkenntnis der Welt. Alles Weltliche scheint irgendwie in uns zu sein. Weltverstehen ist Selbstauslegung, sagten später einige Philosophen. Aber das ist für Laotse nicht das Wesentliche. Wichtiger ist ihm, dass der Mensch erkennt, was seine Bestimmung und der Sinn seines Lebens, was der »rechte Weg« (Dao, Tao) ist. Und noch etwas sagt Laotse: Je mehr sich der Mensch in Geschäftigkeit verliert, desto weniger weiß er von sich, seiner Bestimmung und der Welt. Denn ein Wissen von der Welt, das nicht zugleich Selbsterkenntnis ist, ist eigentlich kein Wissen.

Wenn die seelisch-geistigen Vorgänge
zur Ruhe gekommen sind,
wird der Geist klar wie ein Kristall. [8]

Die uralte Tradition des Yoga hat als letztes Ziel die Selbsterkenntnis. Der indische Weg zur Selbsterkenntnis ist sehr spezifisch. Er führt über Konzentration, Sammlung und Versenkung in sich selbst. In dem zitierten Yoga-Sutra des *Patañjali* kommen Weg und Ziel deutlich zum Ausdruck. Angestrebt wird ein eigentümlicher Bewusstseinszustand, in dem das Selbst, losgelöst von allen Bindungen und Prägungen, sich selbst erkennt. Gleichzeitig soll der Meditierende jeden Gegenstand, über den er meditiert, in größter Klarheit erkennen. Kein Wunsch oder Wille, keine vorgefasste Meinung, keine frühere Erfahrung sollen die Wahrnehmung verstellen. Er hat sich von allem befreit, was seinen Blick trübt. Er wird klar und rein wie ein Kristall.

Wenn du dein Inneres öffnest, wirst du darin eine reiche Vorratskammer von bösen Trieben verschiedenster Art und vielen schlimmen Leidenschaften finden. [9]

Rund zweitausendfünfhundert Jahre vor Sigmund Freud bereitete der griechische Philosoph *Demokrit* seine Mitmenschen darauf vor, was sie bei ehrlicher Selbsterforschung alles in sich finden werden. Das Unbewusste war den Griechen keineswegs unbekannt. Bekannt war ihnen offenbar auch, dass das »Böse« und »Schlimme« ebenso ein Teil der menschlichen Seele ist wie positive Eigenschaften. So fängt alle Selbsterkenntnis mit einer aufrichtigen Bestandsaufnahme an, die nicht die Augen verschließt vor der Mördergrube, die unsere Seele eben auch ist. Nur wer sich ganz kennt, kann sich Hoffnung machen, einmal Herr im eigenen Hause zu werden. Wenn Demokrit die Worte »böse« und »schlimm« verwendet, so meint er dies nicht im Sinne einer übergeordneten Moral, sondern eher im Sinne von »unweise«: Folgen wir bestimmten Triebregungen oder Leidenschaften oder überschreiten wir das richtige, »gesunde« Maß, so schaden wir uns letztlich selbst.

Einer fragte Demonax,
wann er angefangen habe zu philosophieren:
Als ich anfing, mich selber zu verurteilen. [10]

Bemerkenswert an dem Zitat dieses seinerzeit berühmten Weisen ist, dass hier Selbsterkenntnis und Philosophieren gleichgesetzt werden. Denn was bedeutet es, wenn der Mensch sich verurteilt? Wir haben etwas in uns oder unserem Handeln entdeckt, das uns nicht gefällt. In uns ist ein Widerspruch entstanden. Indem wir diesen Widerspruch aufzulösen versuchen und mit uns wieder ins Reine kommen wollen, erforschen wir uns selbst. Wir möchten wissen, was den Widerspruch ausgelöst hat, welche Seite dieses Widerspruchs in uns »recht hat«. Wir fragen uns: Was wollen wir eigentlich? Wer sind wir? Diese Selbsterforschung war für Demonax der Anfang seines Philosophierens – und nicht nur für ihn. Der überwiegende Teil der antiken Philosophie im Westen und noch mehr im Osten war nichts anderes als der Versuch, sich selbst und die Gesetze des eigenen Lebens besser zu verstehen. Ihre tiefsten Ergebnisse: Lebensweisheit, die Fähigkeit, die Schwierigkeiten und Probleme, vor die uns das Leben stellt, auf die bestmögliche Art zu bewältigen.

VORSTELLUNGEN

Wir sind, was wir denken

Die verlorene Axt

Bei der Erkenntnis und Bewältigung des menschlichen Lebens vertrauten die alten Chinesen weniger begrifflichen Definitionen und systematischen Abhandlungen. Demgegenüber liebten sie Geschichten, Bilder, Metaphern, das gedankliche Umkreisen einer Sache aus verschiedenen Perspektiven und mit unterschiedlichen Worten. Die Sprache war ihnen nur ein An- und Hindeuten. Um zu erkennen, was gemeint ist, müssen wir das, was die Sprache nicht ausdrücken kann, hinzudenken. Ein Beispiel dafür ist folgende Geschichte, die *Liezi* erzählt: *Es war einmal ein Mann, der hatte seine Axt verloren. Er hatte seines Nachbars Sohn im Verdacht und beobachtete ihn. Die Art, wie er ging, war ganz die eines Axtdiebes; sein Gesichtsausdruck war ganz der eines Axtdiebes; die Art, wie er redete, war ganz die eines Axtdiebes; aus allen seinen Bewegungen und aus seinem ganzen Wesen sprach deutlich der Axtdieb. Zufällig grub jener einen Graben um und fand seine Axt. Am anderen Tag sah er seinen Nachbarssohn wieder. Alle seine Bewegungen und sein ganzes Wesen hatten nichts mehr von einem Axtdieb an sich.*[11]

Ist es nicht mit all unserem Bewerten und Vorstellen häufig ebenso?

Was gehört mir? –
Der Gebrauch meiner Vorstellungen.

Der griechische Philosoph *Diogenes von Sinope* pflegte zu sagen: *Seit Antisthenes [sein Lehrer] mich freiließ, bin ich nicht mehr Sklave. Er lehrte mich, was mein ist und was nicht. Besitz ist nicht mein. Verwandte, Hausgenossen, Freunde, Ruhm, Vertraute, Orte, Aufenthalte – das alles hat nichts mit mir zu tun. – Aber was gehört dir denn? – Der Gebrauch meiner Vorstellungen.*[12]

Insbesondere in der griechisch-römischen Antike setzte sich die Erkenntnis durch, dass nicht die Dinge und Geschehnisse gut oder schlecht sind, sondern die Vorstellungen, die wir uns von diesen machen, sowie der Umgang mit diesen Vorstellungen, die Art und Weise, wie wir sie gebrauchen. Ob z. B. der Verlust des Arbeitsplatzes wirklich schlecht ist, kann niemand im Vorhinein sagen. Damit sogleich die Vorstellung zu verbinden, dies sei eine Katastrophe, ist gewiss nicht hilfreich, weil wir uns damit den Weg verbauen, das Beste daraus zu machen und etwaige darin liegende Chancen und neue Möglichkeiten zu entdecken.

Wer sich nichts vormacht,
den kann man einen Weisen nennen.

So könnte man folgenden Ausspruch des *Aristippos von Kyrene,* eines Schülers des Sokrates, umschreiben: *Der Weise ist frei von Neid, Leidenschaft und Aberglauben: denn alles das ist eine Wirkung falscher Vorstellungen. Dagegen kann er in Trauer und Angst kommen: denn das beruht auf physischen Vorgängen.*[13]

Hervorzuheben an diesem Zitat ist, dass der Weise hier nicht als Übermensch dargestellt wird. Auch er empfindet bisweilen Trauer und Angst. Aber was Vernunft und richtige Lebensführung beeinflussen können wie etwa »Neid, Leidenschaft und Aberglauben«, das beeinflusst er erfolgreich. So erreicht er unter den Menschen den vielleicht höchsten Grad an erfülltem und glücklichem Leben.

Es sei noch bemerkt, dass die Mehrzahl der antiken Philosophen, allen voran Epikur, meinten, auch die Angst gehöre zu denjenigen Affekten, die Folge falscher Vorstellungen seien und die wir daher erfolgreich überwinden können und auch sollten. Solche »Ängste« aber, die nützlich sind, weil sie uns vor objektiven Gefahren warnen, wurden in der Antike nicht als Ängste, sondern eher als eine Art Vorsicht bezeichnet.

Man soll es machen wie die Seeleute:
nicht versuchen, Wind und Meer zu ändern,
sondern die Segel zu richten.

Der Ausspruch stammt von dem griechischen Philosophen *Teles*. Er lautet im Zusammenhang: *In ihrer Ver-*
blendung geben viele nicht sich selber, sondern den Umstän-
den Schuld. Dagegen sagt Bion [sein Lehrer Bion von
Borysthenes]: »Wie man gebissen werden kann, wenn man
ein Tier (falsch) anfasst – wenn du eine Schlange in der Mit-
te packst, wirst du gebissen, wenn du sie am Genick packst,
geschieht dir nichts –, so verhält es sich mit den Umständen.
Wenn du die falsche Auffassung hast, wirst du Schmerz emp-
finden; wenn du aber die Umstände so auffassen kannst wie
Sokrates, wirst du nichts verspüren. Wenn du sie anders
nimmst, musst du leiden, und zwar nicht infolge der Umstän-
de, sondern wegen deines Charakters und deiner falschen
Meinung. Daher soll man nicht versuchen, die Umstände zu
ändern, sondern sich persönlich auf sie einstellen, wie sie eben
sind, wie die Seeleute es tun: Sie versuchen nicht, den Wind
und das Meer zu ändern, sondern sie stellen sich selber darauf
ein, um sich den Elementen anzupassen.«[14]

Teles führt Sokrates als das Ideal eines in sich ruhenden,
unerschütterlichen Weisen an, dem Äußerlichkeiten
nichts bedeuten, wenn nur das Seelenleben gesund, harmonisch und gut geordnet ist.

Die Grundverfassung deiner Seele wird so sein wie die Vorstellungen, denen du nachhängst. [15]

Der Ausspruch stammt von *Marc Aurel* und beschreibt die enorme Bedeutung und Macht, die unsere Vorstellungen auf unser Wohlbefinden haben. Wenn wir positive Vorstellungen pflegen und nähren, wird unsere Seele Schritt für Schritt eine größere Ausgeglichenheit und Zufriedenheit entwickeln. Hängen wir dagegen negativen Gefühlen nach und schaffen es nicht, uns von ihnen zu lösen, dann geht auch unsere seelische Verfassung »in den Keller«. Für eine weise Lebensführung ist dieser Aspekt des Einflusses unserer Vorstellungen auf unser Wohlbefinden kaum zu überschätzen. Philosophische Reflexion besteht gerade und immer wieder in einer Revision, Durchdringung und Weiterentwicklung unserer Vorstellungen und Anschauungen mit dem Ziel, das Leben besser zu verstehen, um besser mit ihm umgehen zu können.

***Von Einbildung frei sein ist das Ziel
des ganzen Lebens.*** [16]

Der Ausspruch stammt von dem Sokrates-Schüler *Antisthenes.* »Einbildung« steht für falsche Vorstellungen, sei es über sich selbst oder über sonstige Sachverhalte, Verhältnisse oder Zusammenhänge. Das »Leben«, von dem hier die Rede ist, meint ein von der Philosophie geleitetes Leben. Vielleicht kommt auch ein solches Leben nie zu endgültigen Erkenntnissen und Wahrheiten, wie es Sokrates mit seinem bekannten Ausspruch *Ich weiß, dass ich nichts weiß* andeutet. Aber es ist schon viel gewonnen – nach Antisthenes alles –, wenn wir uns Stück für Stück von Irrtümern und falschen Vorstellungen befreien. Das ist Zugewinn an Weisheit und Persönlichkeitsentwicklung; das ist der Weg zu einem Leben, das Frieden geschlossen hat mit sich, den anderen und der Welt, ohne damit alles zu »akzeptieren«.

In unserer Gewalt stehen Vorstellung, Wunsch, Begierde und Abneigung.

Bei dem ehemaligen Sklaven und späteren philosophischen Lehrer *Epiktet* lesen wir: *Die einen Dinge stehen in
unserer Gewalt, die anderen nicht. In unserer Gewalt stehen
Vorstellung, Wunsch, Begierde und Abneigung; mit einem
Wort alles, was unser Werk ist. Nicht in unserer Gewalt stehen dagegen Leib, Besitz, Ansehen, Ehrenstellen; mit einem
Wort alles, was nicht unser Werk ist.*[17]

Dies war einer der wichtigsten Gedanken der Stoa, einer
der philosophischen Schulen, die sich nach Sokrates und
unter Berufung auf ihn gebildet hatten und das Denken
des Altertums maßgeblich prägten. Zufrieden leben bedeutet, sich freimachen von Abhängigkeiten und äußeren Einflüssen, also von allem, was wir nicht vollständig
beherrschen können. Es mag geschehen, was will, wir
werden mit Hilfe unseres Denkens, unserer Vorstellungen, unserer Werte und des Umgangs mit unseren Emotionen, Wünschen, Begierden, Sorgen, Ängsten etc., also
mit allem, was wir beherrschen können, das Leben bewältigen und meistern. Ob wir z. B. ein äußeres Ziel erreichen (Erfolg, Geld, Macht, Karriere), liegt nicht allein
an uns; aber ob wir unser persönliches Glück damit verbinden, das liegt sehr wohl an uns.

WEISHEIT

Der Königsweg zu einem erfüllten Leben

Hättest du dich ernstlich bemüht,
dich selbst zu erziehen, wäre dir Weisheit
geschenkt worden.[18]

Das Zitat stammt von dem griechischen Philosophen *Diogenes von Sinope,* der zeitweise in einer Tonne lebte. Er soll diese Worte gesprochen haben, als er sah, wie ein Mensch betete und Gott bat, ihm Weisheit zu schenken. Weisheit ist weder ein Gottesgeschenk noch eine Naturveranlagung oder die zufällige Eigenschaft bestimmter Menschen. Die Kunst zu leben, für die Weisheit steht, ist das Ergebnis einer Selbsterziehung. Wer sich nicht kontinuierlich um sie bemüht, wird hier keine Fortschritte machen. Wie jede Kunst besteht sie in einem Wissen und einem Können. Das Wissen ist das Ergebnis anhaltender Erforschung des eigenen Selbst und der Welt, was auf dasselbe hinauskommt, denn Weltverstehen ist Selbstauslegung und umgekehrt. Das Können ist die lebenslange Übung, dieses Wissen in dem alltäglichen Leben auch umzusetzen.

Eigentlich verfolgt jeder Mensch in all seinem Tun solche Weisheit, weil in deren Zentrum die simple Frage steht: Was tut mir gut? Es sind allerdings nicht viele Menschen, die sich bewusst und kontinuierlich um eine Ausbildung der Fähigkeit zu weiser Lebensführung bemühen. Es ist ein erstaunliches und bedauerliches Phänomen, dass bei aller Bildung, die dem Menschen eingetrichtert wird, diese wichtigste Aufgabe der Persönlichkeitsbildung in keinem Lehrplan zu finden ist.

Weisheit bedeutet,
das Wissen der Alten einüben und mit den
eigenen Erfahrungen verbinden.

Bei *Konfuzius* lesen wir: *Altes Wissen üben und nach neuen Kenntnissen streben – das ist es, wodurch man sich zum Lehrer anderer eignet.*[19] Eine andere Übersetzung derselben Stelle lautet: *Wer Altes bewahrt und zugleich neues Wissen und neue Erfahrungen zu gewinnen vermag, der kann den Menschen Lehrer und Vorbild sein.*

Wer sich bei den alten Chinesen zum »Lehrer und Vorbild« eignete, der galt als ein Weiser. Interessant an der ersten Übersetzung ist, dass hier ausdrücklich von einem »Einüben« des Wissens die Rede ist. Weisheit ist praktiziertes, verinnerlichtes und zur Lebens- und Denkgewohnheit gewordenes Wissen. Dagegen ist ein bloß theoretisches Wissen für die praktische Lebensführung völlig bedeutungslos. Viele Menschen wissen eigentlich, was ihnen guttut, tun es aber doch nicht. Dieses Wissen hat mit Weisheit nichts zu tun.

Die Weisheit ist heiter und freundlich,
voller Fröhlichkeit und guter Laune.

Der Ausspruch stammt von *Philon von Alexandria,* einem bedeutenden Denker des hellenistischen Judentums, und lautet vollständig: *Die Weisheit ist nicht finster und düster, voll ernster Sorge und Bedenklichkeit, sondern im Gegenteil heiter und freundlich, voller Fröhlichkeit und guter Laune.*[20]

Aus all dem, was wir von der antiken westlichen und östlichen Weisheitslehre wissen, scheint der charakteristische Gemütszustand eines in sich ruhenden Weisen am besten umschrieben zu sein mit »heitere Gelassenheit«. Dies kommt in dem Zitat treffend zum Ausdruck.

Weisheit, die über nichts auf der Welt erstaunt,
ist am allerwertvollsten;
denn sie ist am allerkostbarsten. [21]

Der Ausspruch stammt von dem griechischen Philosophen *Demokrit*. Er war der Meinung, dass es unter den
menschlichen Dingen nichts Wertvolleres gibt als die
Weisheit. Was sie so kostbar macht, ist die Eigenschaft,
dass sie ihren Besitzer über nichts in der Welt erstaunen
lässt. Denn er hat die ewige Wiederkehr des Gleichen ge-
schaut, verstanden und verinnerlicht. Er weiß, dass
Glück und Unglück sich abwechseln, dass Liebe kommt
und geht, dass Besitz kommt und geht, dass Wunder geschehen und große Katastrophen, dass Kriege ausbre-
chen, dass die Menschen sich freuen und gegenseitig be-
glücken, dass sie leiden und grausam zueinander sind,
dass sie sterben müssen. Weil er das alles weiß, bringt ihn
nichts aus der Fassung. Er ruht in sich, was immer auch
geschieht. Er hat Frieden geschlossen mit sich und der
Welt, wie sie eben ist. Er mag sich für etwas engagieren,
sich Ziele setzen, hart an etwas arbeiten. Das ist gut und
richtig. Tief im Innern aber ruht er in der »Geborgenheit
des Seins«, in einer »festen Burg«, wo er »unverletzlich«
und geschützt ist vor allem, was um ihn herum geschieht.
Dort bleibt er ein teilnahmsloser Betrachter.

Seitdem Gelehrte aufgetreten sind,
ist die Weisheit verschwunden.

Seneca schreibt: *Die Weisheit der Altvordern, sagt man, beschränke sich auf Vorschriften über das, was man zu tun und zu lassen habe, und damals waren die Menschen weit besser: seitdem Gelehrte aufgetreten sind, ist die Bravheit (Redlichkeit) verschwunden. Denn jene einfache und offenherzige Tugend (Weisheit) hat sich in eine dunkle künstliche Wissenschaft verkehrt, und wir lernen disputieren, nicht aber leben.*[22]

Für Seneca ist Weisheit eine einfache, offenherzige Tugend, die unter den Menschen weit verbreitet war, als es noch keine Wissenschaften gab. Hinter diesem scheinbaren Kulturpessimismus verbirgt sich die Einsicht, dass Weisheit im Laufe der kulturellen Entwicklung zerredet und verbildet werden kann. Falsche Reflexion kann den rechten Weg aus den Augen verlieren und in die Irre führen. Das Denken an sich ist kein Allheilmittel. Nicht jede Intelligenz bereichert die Seele. Wo das Rettende, da ist auch Gefahr.

***Ich gab Anweisungen gemäß denen
der Vorfahren.***

In einer ägyptischen Inschrift eines unbekannten Autors
aus dem Anfang des 1. Jahrtausends v. Chr. lesen wir:

> *Ich gab Anweisungen gemäß denen der Vorfahren,*
> *als Vorschriften entsprechend den alten Schriften,*
> *indem ich Vergangenes wieder aktualisierte*
> *und das, was vergessen war,*
> *wieder in die Erinnerung rief.*[23]

Hier haben wir das Programm einer philosophischen
Weisheitslehre und -schule: das überlieferte Wissen und
die niedergeschriebenen Lebenserfahrungen und Weisheiten vorausgegangener Generationen in Erinnerung
rufen, prüfen, und »aktualisieren«, d. h. an die gegenwärtigen Zeit- und Lebensumstände anpassen, wo dies
nötig ist.

Schwer ist der Weg der Weisheit.

In den *Upanishaden,* dem philosophischen Teil der altindischen Veden, spricht der personifizierte Tod zu dem
Brahmanen Naciketas:

> *Steht auf! Wacht auf! Erlangt (habend)*
> *Treffliche Lehrer, merkt auf sie.*
> *Wie schwer zu gehn auf scharfer Messerschneide ist,*
> *Schwer ist der Weg! Den lehren euch die Weisen.*[24]

Der Weg der Weisheit wird hier mit einem Gang auf
Messers Schneide verglichen. Schwer ist es, in jeder Situation stets das Angemessene und Richtige zu tun und
zu denken. Besonders die Inder waren der Auffassung,
dass dies ohne einen guten Lehrer nicht zu bewerkstelli-
gen sei. Diesen Lehrer und Meister nannten sie »Guru«,
was ursprünglich bedeutete: der, der »die Finsternis bei-
seiteschiebt und uns Licht gibt«.

LEBENSKUNST

Tanz der Freude und Lebendigkeit

**Vor allem, mein Lucilius, empfehle ich dir:
lerne dich freuen.**

Das Zitat stammt aus *Senecas* Briefen an Lucilius, einer
der ergiebigsten Quellen griechisch-römischer Lebensweisheit. Der weitere Text betont, dass es mit dieser
Freude, zu der die Lebenskunst hinführen soll, nicht so
leicht ist: *Glaube mir: Es ist eine ernste Sache um die Freude.
Oder meinst du, es werde irgendjemand mit unbefangener
Miene oder, wie jene Lebemänner sich ausdrücken, heitern
Auges den Tod verachten, der Armut die Tür öffnen, der Ge-
nusssucht Zügel anlegen und auf Ausharren im Schmerze
sich gefasst machen?*[25]

Weil dies in der Tat nicht so einfach ist, brachte es Seneca
auf einhundertvierundzwanzig Briefe an Lucilius, die
gut siebenhundert Seiten eines Buches füllen und keinen
anderen Gegenstand haben, als zu lehren, was wir tun
können, um uns dauerhaft am Leben zu erfreuen.

Sieh froh die Kinder an,
die deine Hand erfassen!

Schon im *Gilgamesch-Epos* aus dem 3. Jahrtausend v. Chr., einer der ältesten Dichtungen, die wir kennen, wird die Aufforderung, das Leben zu genießen, aus seiner Endlichkeit abgeleitet. Dort heißt es: *Gilgamesch, wohin läufst du? Das Leben, das du suchst (das unsterbliche), wirst du nicht finden. Als die Götter die Menschen schufen, bestimmten sie den Tod für die Menschen, das (ewige) Leben behielten sie für sich selbst. Drum, Gilgamesch – iss und trink, fülle dir deinen Leib, Tag und Nacht freue dich nur! Mache dir jeden Tag ein Freudenfest! Freue dich Tag und Nacht bei Harfen, Flöten und Tanz! ... Sieh froh die Kinder an, die deine Hand erfassen! Freue dich in den Armen des Weibes!*[26]

Wozu also lebst du, wenn dir nichts daran liegt, dein Leben schön zu gestalten?

Das war die Frage des griechischen Philosophen *Dioge-nes von Sinope* auf die Bemerkung eines anderen: *Ich tau-ge nicht zur Philosophie.*[27] Die Philosophie erscheint hier als die Wissenschaft oder Disziplin, die lehrt, sein Leben »schön« zu gestalten, mithin als Lebenskunst. Zugleich sieht Diogenes in dieser Aufgabe den Sinn des Lebens überhaupt. Aus seinen übrigen Äußerungen wird deut-lich, dass er mit »schön« zugleich meint vernunft- und naturgemäß, besonnen, maßvoll, kurz: weise. Ein halbes Jahrhundert später sagt Epikur ganz in diesem Sinne, es sei nicht möglich, wahrhaft »lustvoll« zu leben, ohne dass man zugleich vernunftgemäß, schön und gerecht lebe.[28]

Die höchste Meisterschaft im Wandern besteht darin,
nicht mehr zu wissen, wohin man geht.

Das Zitat stammt von dem chinesischen Philosophen *Liezi.* Dort heißt es weiter: *Die höchste Meisterschaft im Betrachten besteht darin, nicht mehr zu wissen, was man sieht. Die Dinge allesamt zu erreichen im Wandern, die Dinge allesamt zu schauen im Betrachten, das ist die höchste Meisterschaft im Wandern, das ist die höchste Meisterschaft im Betrachten.*[29]

Die Daoisten, denen Liezi zuzurechnen ist, hatten als Lebensideal einen Zustand vor Augen, in dem sich der Mensch mit seiner Lebensführung einfügt in den natürlichen Lebensfluss, in ihm aufgeht, mit ihm eins wird, so dass er stets intuitiv das Richtige und Angemessene tut. Der Mensch soll wie ein Kind werden, sich verlieren und finden im Hier und Jetzt. Dann braucht er nicht mehr zu wissen, wohin er unterwegs ist. Der Weg (Dao) ist sein Ziel. Er braucht auch nicht mehr zu wissen, d. h. intellektuell zu erfassen und einzuordnen, was er schaut. Auch das ist Lebenskunst.

Die Lebenskunst ist der Kunst des Ringens ähnlicher als der Tanzkunst.

Das sagt der Philosophenkaiser *Marc Aurel* und fährt fort: *... insofern nämlich, dass man gegenüber Schicksalsschlägen und Ereignissen, die man nicht vorhersehen kann, kampfbereit und fest dastehen muss.*[30]

Hier wird die Lebenskunst verstanden als die Fähigkeit, mit der ungewissen Zukunft und dem Wandel des Schicksals leben zu können und dabei sich selbst treu zu bleiben (»fest dastehen«). Es bedeutet ein Einlassen auf die Vergänglichkeit, ein Loslassenkönnen, eine Gelassenheit den äußeren Umständen und Veränderungen gegenüber. Marc Aurel meint, dass diese Kunst nicht leicht ist, und vergleicht sie mit der gewaltigen Kraftanstrengung, die ein Ringkampf erfordert.

Weisheit ist die Kunst des Lebens.

Das war die Ansicht *Senecas,* und auf den vielen Seiten, die er uns hinterließ, hat er diese Kunst des Lebens in all ihren Facetten und mit tiefstem psychologischen Gespür in einprägsamen Bildern dargestellt, bisweilen mit ermüdenden Wiederholungen, sprachgewaltig, wenn auch wenig systematisch, aber immer lebenswahr und häufig mit »ans Herz greifender« Eindringlichkeit. Die Nachwelt hat ihn kontrovers beurteilt. Ich folge der Ansicht des Kulturhistorikers Will Durant (1885–1981), für den Seneca bei aller berechtigten Kritik der bedeutendste römische Philosoph war.[31] Das obige Zitat lautet vollständig: *Die Weisheit ist die vollkommene und aufs höchste und beste ausgebildete Einsicht, denn sie ist die Kunst des Lebens.*[32]

Es war die Kunst des Lebens,
die Sokrates lehrte.

So jedenfalls können wir folgende Stelle bei dem griechischen Schriftsteller *Xenophon* verstehen, von dem wir neben Platon das meiste Wissen über Sokrates haben: *Diese (Anhänger des Sokrates) waren nicht mit ihm zusammen, um Volks- oder Prozessredner zu werden, sondern damit sie, edel und gut geworden, es verstünden, sich gut zurechtzufinden mit ihrer Hausgemeinschaft, mit ihrem Gesinde und ihrer Verwandtschaft, mit ihren Freunden, dem Staat und den Mitbürgern. Von den oben Genannten hat keiner in jüngeren oder vorgerückten Jahren irgendetwas Schlechtes getan noch irgendeine Anschuldigung erfahren.*[33]

Wir können dem Zitat entnehmen, dass bei den Griechen die Lehre vom »Edlen und Guten«, die Ethik, mit Weisheit und Lebenskunst zusammenfiel. Für Aristoteles war Sokrates der Erfinder der Begriffsphilosophie, für das Altertum der Begründer der Ethik, für die Menschheit der Lehrer der Weisheit.[34]

ACHTSAMKEIT

Die Präsenz des Geistes

Man richte seinen Sinn
auf den Augenblick.

Die Antike in West und Ost sah es als wesentlich für das seelische Wohlbefinden an, achtsam zu leben und sich auf das Hier und Jetzt zu konzentrieren. Das Zitat gibt verkürzt folgende Stelle bei dem griechischen Philosophen *Aristippos* wieder, einem Schüler des Sokrates: *Man soll nicht über Vergangenes klagen noch vor Zukünftigem bangen: Das ist ein Zeichen von Seelenruhe und ein Beweis gelassener Denkart. Man richte seinen Sinn auf das, was jeder Tag bringt, und an jedem Tage wieder auf den Augenblick, in dem man etwas tut oder bedenkt. Denn uns gehört allein die Gegenwart, weder die Vergangenheit noch die Zukunft: Die Erstere ist dahin, die zweite dunkel, soweit sie überhaupt noch kommt.*[35]

Verblüffend am antiken Weisheitsdenken ist immer wieder die Einfachheit des gedanklichen Ausdrucks. Umgekehrt ist es bedauerlich, dass die heutige akademische Philosophie diese Einfachheit häufig verloren zu haben scheint. »Seelenruhe und gelassene Denkart« ist eine gelungene Umschreibung für eines der Hauptziele aller Weisheit.

**Dadurch ward ich gesammelt in meiner Kunst,
und alle Betörungen der Außenwelt
waren verschwunden.**

Der chinesische Philosoph *Zhuangzi* erzählt folgendes Gleichnis: *Ein Holzschnitzer schnitzte einen Glockenständer. Als der Glockenständer fertig war, da bestaunten ihn alle Leute, die ihn sahen, als ein göttliches Werk. Der Fürst von Lu besah ihn ebenfalls und fragte den Meister: »Was habt Ihr für ein Geheimnis?« Jener erwiderte: »Ich bin ein Handwerker und kenne keine Geheimnisse, und doch, auf eines kommt es dabei an. Als ich im Begriffe war, den Glockenständer zu machen, da hütete ich mich, meine Lebenskraft (in anderen Gedanken) zu verzehren. Ich fastete, um mein Herz zur Ruhe zu bringen. Als ich drei Tage gefastet, da wagte ich nicht mehr, an Lohn und Ehren zu denken; nach fünf Tagen wagte ich nicht mehr, an Lob und Tadel zu denken; nach sieben Tagen, da hatte ich meinen Leib und alle Glieder vergessen. Zu jener Zeit dachte ich auch nicht mehr an den Hof Eurer Hoheit. Dadurch ward ich gesammelt in meiner Kunst, und alle Betörungen der Außenwelt waren verschwunden. Danach ging ich in den Wald und sah mir die Bäume auf ihren natürlichen Wuchs an. Als mir der rechte Baum vor Augen kam, da stand der Glockenständer fertig vor mir, so dass ich nur noch Hand anzulegen brauchte. Hätte ich den Baum nicht gefunden, so hätte ich's aufgegeben. Weil ich so meine Natur mit der Natur des Materials zusammenwirken ließ, deshalb halten die Leute es für ein göttliches Werk.«*[36]

Achtsamkeit ist auch Reduktion und Fokussierung unserer Konzentration.

Klar bewusst und achtsam möge
ein Mönch verharren.

Das ist ein Zitat *Buddhas*. Kurz darauf heißt es: *Und wie ist ein Mönch achtsam? Beim Kommen und beim Gehen ist ein solcher aufmerksam, beim Hinblicken und Wegblicken gibt er acht, wenn er sich neigt und erhebt, nimmt er sich in Acht. Trägt er Unter- und Obergewand und Almosenschale, ist er aufmerksam, beim Essen und Trinken, beim Kauen und Schlucken nimmt er sich in Acht, beim Entleeren von Kot und Urin ist er in seinem Tun besonnen. Beim Gehen, beim Stehen, beim Sitzen, beim Schlafen, beim Wachen, beim Sprechen, beim Schweigen ist er aufmerksam.*[37]

Die Bildung der Persönlichkeit erwächst aus der Achtsamkeit des Bewusstseins.

Das Zitat fasst folgende Stelle aus dem chinesischen *Buch der Riten, Sitten und Gebräuche* zusammen: *Damit, dass die Bildung der Persönlichkeit auf der Rechtmachung des Bewusstseins beruht, ist Folgendes gemeint: Wenn in der Persönlichkeit sich Zorn und Hass hervortun, so ist sie nicht in der rechten Verfassung; wenn sich Furcht und Angst hervortun, so ist sie nicht in der rechten Verfassung; wenn sich Vorliebe und Lust hervortun, so ist sie nicht in der rechten Verfassung; wenn sich Kummer und Sorge hervortun, so ist sie nicht in der rechten Verfassung. Wenn das Bewusstsein abwesend ist, so blickt man, ohne zu sehen, so hört man, ohne zu vernehmen, so isst man, ohne Geschmack zu empfinden. Das heißt: die Bildung der Persönlichkeit beruht auf der Rechtmachung des Bewusstseins.*[38]

Der Kontext erhellt, warum wir statt »Rechtmachung des Bewusstseins« auch »Achtsamkeit« sagen können.

Achte eine kleine Sache nicht gering,
dass du dabei nicht zu Schaden kommst.[39]

Schon im alten Ägypten, wie hier im *Papyrus Insinger,* finden wir die Aufforderung, achtsam zu leben. Wenig später heißt es dort: *Gott gibt dem Weisen Vernunft, damit er Achtung habe.*[40] Danach folgt eine Reihe von Beispielen zu diesem Thema. So sollen wir etwa kleine Krankheiten, ein kleines Feuer, kleine Schlangen, kleine Wahrheiten, kleine Lügen usw. ernst nehmen. Der Schlusssatz lautet: *Zahlreich sind die kleinen Dinge, die der Bewunderung wert sind.*[41] Ob »Bewunderung« die richtige Übersetzung ist, vermag ich nicht zu beurteilen. »Aufmerksamkeit« oder »Achtsamkeit« würde auch zum Kontext passen.

**Achtsamkeit bedeutet,
die Dinge ernst zu nehmen.**

Auch bei den alten Chinesen finden wir häufig den Hinweis darauf, achtsam zu leben. So sagt *Konfuzius: An neun Dinge denkt der edle Mensch mit großem Ernst (Achtsamkeit): Bei dem Sehen denke er an Klarheit, beim Hören an Deutlichkeit, im Ausdruck seiner Miene an Freundlichkeit, in seinem Verhalten an Zuvorkommenheit, in seinen Worten an Aufrichtigkeit, in seinem Verhalten an ehrfurchtsvolle Gewissenhaftigkeit, in seinen Zweifeln an die Möglichkeit, die Wahrheit zu erkunden, in seinen Zorneswallungen an das Ungemach, das er damit sich und anderen bereiten könnte, bei der Aussicht auf Einträgliches an die Verpflichtungen eines rechtschaffenen Menschen.*[42]

***Lass deine Augen die Dinge ruhig betrachten,
unterrichte dein Herz sorgfältig.***[43]

Die Stelle stammt aus einem altägyptischen Papyrus, den
man *Der beredte Oasenbewohner* nennt und der etwa im
19./18. Jh. v. Chr. entstanden sein soll. Das Herz war bei
den alten Ägyptern sowohl der Sitz der Emotionen als
auch der Vernunft. Durch eine achtsame Beobachtung
der Dinge um uns herum bilden und erziehen wir beides
(»unterrichten«). Goethe, für den bei jedem Erkenntnis-
prozess die Anschauung das Wichtigste war, hätte dieser
Ausspruch gefallen. Aber zu seiner Zeit konnte man die
ägyptischen Hieroglyphen noch nicht lesen. Der Ausspruch dürfte ihm daher unbekannt gewesen sein. Erst in
Goethes letztem Lebensjahrzehnt gelang es dem Franzo-
sen Champollion, die Hieroglyphen zu entziffern (1822).
Es dauerte noch eine Weile, bis die einzelnen Texte übersetzt und veröffentlicht wurden.

VITA ACTIVA

Wie viel Engagement – wie viel Rückzug?

***Man muss gleichzeitig lachen und philosophieren
und sein Haus verwalten und alles Übrige tun.***

Große Bedeutung für eine weise Lebensführung maß die Antike dem Verhältnis von aktivem Leben (vita activa) und »passivem« Insichgehen, der Sammlung und Meditation bei (vita passiva). Glück und Erfüllung hängen entscheidend davon ab, dass der Einzelne den für ihn angemessenen Ausgleich zwischen diesen beiden Seinsweisen findet. Dass der Mensch beidem gerecht werden sollte, klingt auch bei dem wiedergegebenen Zitat des griechischen Philosophen *Epikur* an. Es verbirgt sich in den Worten *philosophieren* als dem nachdenkenden Leben und dem *alles Übrige tun* als dem aktiven Leben. Das Zitat lautet vollständig: *Man muss gleichzeitig lachen und philosophieren und sein Haus verwalten und alles Übrige tun, was einem vertraut ist, und niemals aufhören, die Worte der wahren Philosophie hören zu lassen.*[44]

Nicht zuletzt kommt in dem Zitat die antike Vorstellung von der heiteren Gelassenheit eines weisen Philosophen zum Ausdruck.

Denn nicht durch trägen Müßiggang gelangt der Mensch zur inn'ren Ruh.

Das Zitat stammt aus der altindischen *Bhagavadgita* und macht deutlich, dass auch die philosophische Richtung des Yoga nicht (nur) weltabgewandte Versenkung empfahl. Die Stelle lautet im Zusammenhang:

> *Zwei Standpunkte sind in der Welt;*
> *Zum Heil führt ein zwiefacher Pfad:*
> *Das Sankhya lehrt Kenntnis dich,*
> *Der Yoga unverdross'ne Tat.*

> *Denn nicht durch trägen Müßiggang*
> *Gelangt der Mensch zur inn'ren Ruh,*
> *Und nicht durch Werkentsagung strebt*
> *Er innerer Vollendung zu.*[45]

Das »Sankhya« (auch »Samkhya«) ist eines der ältesten philosophischen Systeme Indiens. Was hier der »zwiefache Pfad« genannt wird, ist der Weg aller Weisheit. Sie ist Wissen und Anwendung. Keine dieser beiden Seiten kann vernachlässigt werden, ohne dass wir uns von einer weisen Lebensführung entfernen.

Wer wohlgemut leben will,
der darf nicht vielerlei treiben.

Das Zitat stammt von dem griechischen Philosophen *Demokrit*. Es lautet im Zusammenhang: *Wer wohlgemut leben will, der darf nicht vielerlei treiben, weder in eigener noch in öffentlicher Sache. Und was er auch treibt, darf seine eigene Kraft und Begabung nicht übersteigen. Er muss vielmehr so sehr auf sich achtgeben, dass er sich selbst dann, wenn das Glück über ihn kommt und ihn allem Anschein nach emporführen will, nicht darum kümmert und nichts anfasst, was über seine Kräfte geht. Denn rechtes Maß ist sicherer als Übermaß.*[46]

Was wir daraus für das Verhältnis vita activa / vita passiva lernen können, ist, dass der Mensch bei aller äußerlichen Tätigkeit das seinen Kräften und Fähigkeiten entsprechende Maß nicht überschreiten sollte. Die meisten körperlichen und seelischen Krankheiten, die von unserer Arbeit herrühren – und das sind viele – , haben ihre Ursache entweder in einem Zuviel oder in einem Zuwenig.

Die Natur hat uns zu beidem geschaffen, zum Betrachten wie zum Handeln.

Der Ausspruch stammt von *Seneca*. Vollständig lautet er: *Ein uns ganz geläufiger Lehrsatz besagt, es sei das höchste Gut, naturgemäß zu leben: Die Natur hat uns zu beidem geschaffen, zum Betrachten wie zum Handeln.*[47]

»Betrachten« und »Handeln« sind hier als Lebenshaltungen zu verstehen, als »vita contemplativa« (betrachtendes Leben) und »vita activa«. Seneca hebt hervor, dass beides zusammengehört und, so können wir ergänzen, dass es demnach auf die richtige Mischung von aktivem Handeln und persönlicher Sammlung ankommt, von dem Wirken in der Gesellschaft und der Arbeit an sich selbst, von äußerem und innerem Leben oder, wie Goethe es ausdrückte, von Systole (Zusammenziehen) und Diastole (Ausströmung).

Wenn nicht der richtige Zeitpunkt da war, trieben die Weisen des Altertums ihre Wurzeln tiefer.

Bei *Zhuangzi* lesen wir: *Wenn daher ein Berufener (Weiser) sich auch nicht zurückzieht in die Bergwälder, ist sein LE-BEN doch verborgen … Wenn sie (die Weisen des Altertums) nicht die rechte Zeit und Umstände trafen, so war ihr Wirken auf Erden vollständig unmöglich. So trieben sie ihre Wurzeln tiefer, waren vollkommen still und warteten. Das war der Weg, sich selbst zu bewahren.*[48]

»LEBEN« (chinesisch »De«) wird auch häufig mit Tugend oder Lebenskraft übersetzt. Der erste Satz könnte besagen, dass auch derjenige Weise, der wie jeder andere in der Gesellschaft lebt und wirkt, seine Kraft und sein eigentliches Sein in sich selbst trägt und nicht notwendig als Weiser in Erscheinung tritt und erkannt wird. Die darauffolgende Passage drückt einen Gedanken aus, den wir im altchinesischen Denken auch an anderen Stellen finden: Es gibt Zeiten, die für ein erfolgreiches politisches oder gesellschaftliches Handeln nicht geeignet sind. In diesen Zeiten beschränkt sich der Weise darauf, sein Selbst und seine Persönlichkeit zu vervollkommnen. Auch in unserem alltäglichen Leben gibt es nicht selten Situationen, in denen wir besser duldsam abwarten, wie sich etwas entwickelt, anstatt handelnd einzugreifen, nur um zu scheitern.

Nicht zu nah und
nicht zu fern!

Als der griechische Philosoph *Antisthenes,* der ein Schüler des Sokrates war und selbst eine bedeutende Philosophenschule begründete (die »kynische«), gefragt wurde, wie man sich zur Politik verhalten solle, sagte er: *Wie zum Feuer. Nicht zu nah, damit man nicht anbrennt, nicht zu fern, damit man nicht friert.*[49]

Vielleicht dachte Antisthenes dabei nicht nur an die Politik im engeren Sinne, sondern an jedes politische und gesellschaftliche Handeln, also an jede Form einer »vita activa«. Wir sollten uns in die Gesellschaft integrieren und im Rahmen unserer Möglichkeiten wirken, aber uns darin nicht verlieren, sondern stets unsere persönliche Mitte als Ausgangs- und Rückzugspunkt wahren und pflegen.

Dir aber sei gelegen an wohlgemessener Arbeit.

Bei einem der ersten Dichter der Griechen, dessen Werke wenigstens teilweise erhalten sind, bei *Hesiod,* lesen wir:

> *Der ist Göttern und Menschen verhasst,*
> *der ohne zu wirken*
> *Hinlebt; gleicht er doch den faul-nichtsnutzigen Drohnen,*
> *Die da als zwecklose Fresser das Werk*
> *der Bienen vernichten.*
> *Dir aber sei es gelegen an wohlgemessener Arbeit ...* [50]

Die Arbeit als wichtigste Erscheinungsform einer »vita activa« ist für den Menschen nicht nur von existenzieller Bedeutung, sondern auch für sein seelisches Wohlbefinden grundlegend. Der werde am Ende leiden, meint Hesiod, der Arbeit meidet, denn ihn lieben weder die Menschen noch die Götter. Bezeichnend für die große Bedeutung des rechten Maßes bei den Griechen ist es, dass dieser frühe Dichter und Denker ausdrücklich von »wohlgemessener« Arbeit spricht. Wie viele von uns überschreiten gerade in Bezug auf die Arbeit das rechte Maß? Wie viele unterschreiten es? Wie viele treffen es?

AUFRICHTIGKEIT

Klarheit im Inneren und Äußeren

Der Edle ist bei all seinem Tun darauf bedacht,
dass er mit sich selbst im Einklang bleibt. [51]

In einfachsten Worten beschreibt *Konfuzius* hier, was Aufrichtigkeit bedeutet. Im gesamten antiken Weisheitsdenken findet sich der Gedanke, es sei von grundlegender Bedeutung für eine weise Lebensführung, dass wir uns selbst, unserem Wesen und Charakter treu bleiben. In allem, was wir sagen und tun, sollten wir unsere Identität wiederfinden, bewahren und festigen. Zenon, der Begründer der Stoa, nannte dies »einstimmig leben«.

Man soll seine Gedanken wahr machen.
Das bedeutet, sich selbst nicht betrügen.

Der Ausspruch stammt aus dem chinesischen *Buch der Riten, Sitten und Gebräuche,* das Konfuzius zusammengestellt und überarbeitet haben soll. Die Aufrichtigkeit, die eng mit der Selbsterkenntnis zusammenhängt, hatte im antiken Weisheitsdenken einen zentralen Stellenwert. Wer das Leben meistern will, der kann dies nur, wenn er aufrichtig mit sich selbst ist. Denn die größten Probleme rühren aus der eigenen Seele. Die Stelle lautet im Kontext: *Mit Wahrmachen der Gedanken ist gemeint, dass man sich nicht selbst betrügt. Das ist die Geborgenheit im eigenen Innern. Darum achtet der Edle (Weise) stets auf das, was er für sich allein hat.*[52]

Etwas »für sich allein haben« meint, dass es um die Wahrung und Pflege des Höchstpersönlichen geht, um das Individuelle, das, was uns als eine einzigartige Persönlichkeit charakterisiert. Wer aufrichtig mit sich selbst ist, der findet im eigenen Inneren Geborgenheit.

***Wer seine eigene Persönlichkeit nicht besitzt,
der kann sich nicht an seinem Platz wohl fühlen.***

Das Zitat stammt aus dem *Buch der Riten, Sitten und Ge-bräuche,* einer kanonischen Schrift der Chinesen. Dort heißt es weiter: *Wer sich nicht an seinem Platz wohl fühlen kann, der kann sich nicht des Himmels freuen; wer sich nicht des Himmels freuen kann, der kann seine Persönlichkeit nicht vollenden.*[53]

Der zitierte Satz bedeutet etwa das Gleiche wie ein ande-rer Ausspruch, den wir häufig in der Antike finden: *Der Weise ist überall zu Hause.*[54] Nicht die Umstände sind ver-antwortlich für unser Wohlbefinden, sondern wir selbst. Sind wir mit uns im Reinen, stimmen Denken, Fühlen und Wollen überein, so ruhen wir in der »Geborgenheit im Inneren«. Wir »besitzen unsere Persönlichkeit«. Das Wort »Himmel« im Zitat kann verstanden werden als Natur, Welt, kosmisches Gesetz.

Wer beim Insichgehen nicht wahr ist, der kann nicht mit seinen Nächsten in Eintracht leben.

Der Ausspruch stammt von dem chinesischen Philosophen *Menzius*. Die Stelle lautet im Zusammenhang: *Mit den Nächsten in Eintracht zu leben gibt es nur einen Weg: Wer beim Insichgehen nicht wahr ist, der kann nicht mit seinen Nächsten in Eintracht leben ... Die Wahrheit haben ist göttlich, nach Wahrheit streben ist menschlich. Wer wahr ist, wird immer Eindruck machen. Aber ein Unwahrhaftiger ist noch nie imstande gewesen, Eindruck zu machen.*[55]

Wer sich selbst gegenüber nicht aufrichtig ist und mit sich im Frieden lebt, wie kann derjenige mit seinen Mitmenschen gut auskommen?

Wahrhaftigkeit und Lernen und Lehren!

In den *Upanishaden,* dem philosophischen Teil der Veden, finden sich folgende Maximen:

> *Rechtschaffenheit und Lernen und Lehren des Veda,*
> *Wahrhaftigkeit und Lernen und Lehren des Veda,*
> *Askese und Lernen und Lehren des Veda,*
> *Bezähmung und Lernen und Lehren des Veda,*
> *Beruhigung und Lernen und Lehren des Veda ...* [56]

Die Veden sind das überlieferte religiöse und philosophische Weisheitswissen der Hindus. Ihr Alter reicht bis in das zweite Jahrtausend v. Chr. zurück. In der Forderung nach Rechtschaffenheit und Wahrhaftigkeit ist die nach Aufrichtigkeit enthalten. Ihren wahren Wert bekommen diese Forderungen erst durch regelmäßiges Lernen (»Durchgehen für sich selbst«) und Lehren (»Mitteilung an andere«).[57] Erst in diesem Prozess tritt eine Verinnerlichung des Wissens ein, durch die Weisheit zu unserem geistigen Besitz wird. Erst dann entwickelt sie die Kraft, unser Handeln zu bestimmen. Aber weil der Mensch häufig, wenn überhaupt, nur oberflächlich von der überlieferten Weisheit Kenntnis nimmt, kommt es nicht zu einer solchen Verinnerlichung. Das führt dazu, dass viele eine Weisheit zu kennen meinen, aber nur wenige danach handeln.

Denn was im Herzen eines weisen Menschen ist,
ist das, was man auf seiner Zunge findet.[58]

Der Ausspruch stammt aus einem alten ägyptischen Papyrus. Der Weise spricht aus, was er denkt und fühlt. Er ist aufrichtig und authentisch. Wer von uns ist wirklich und jederzeit dazu in der Lage? Treffen wir aber auf einen, der dies vermag, so empfinden wir große Achtung vor seiner Aufrichtigkeit und Geradlinigkeit. Auch ist es ein Zeichen für die Größe einer Persönlichkeit, wenn jemand stets ausdrücken kann, was ihn bewegt.

Sei aufrichtig,
handle nicht krumm.

Diese Aufforderung findet sich in einer altägyptischen Lehre aus dem *Papyrus Chester Beatty IV,* aufgeschrieben in der Zeit der Herrscher mit dem Namen Ramses (»Ramessidenzeit«, 13./12. Jh. v. Chr.). Der Text lautet im Zusammenhang:

> *Sei nicht wankelmütig,*
> *damit man dich als Mensch achte …*
> *Handle der Ma'at (Gerechtigkeit) gemäß.*
> *Sei grade, handle nicht krumm.*
> *Sei ausdauernd in deinem Amt,*
> *setze deine Vorhaben in die Tat um,*
> *damit die Dinge dir gehorchen …* [59]

Interessant ist, dass gleich im Anschluss an die Mahnung, aufrichtig zu sein, sich die Aufforderung anschließt, seine Vorhaben, Wünsche und Ziele auch umzusetzen. Aufrichtigkeit, Wahrheit, Authentizität bedeuten nicht nur eine Übereinstimmung von dem, was wir denken, fühlen und sagen, sondern auch eine Übereinstimmung zwischen unserem Denken, Fühlen, Reden einerseits und unserem Verhalten und unseren Taten andererseits. »Damit die Dinge dir gehorchen« kann bedeuten, dass es uns bei einem aufrichtigen Leben am ehesten gelingt, unseren Weg selbst zu gestalten, und nicht umgekehrt, dass unser Leben von den Dingen bestimmt wird.

GELASSENHEIT

Der Basso continuo weiser Lebensführung

Dulde, o Herz! Du hast noch härtere
Kränkung erduldet. [60]

Das sind die Worte des »großen Dulders« Odysseus aus
Homers »Odyssee«. Es heißt, dass Sokrates diese Stelle
gerne und häufig zitiert haben soll. Die Fähigkeit, sein
Schicksal zu ertragen und dabei weder die Freude noch
den Mut zum Leben zu verlieren, war seit jeher eine der
charakteristischsten Eigenschaften, die man weisen Menschen zugeschrieben hat. Als einen solchen weisen, ver-
ständigen Menschen aber bezeichnet Homer den Odysseus an vielen Stellen. Dieser weiß, dass das Leben in
einem ständigen Wechsel von guten und schlechten Phasen verläuft. Der erste Schritt zur Weisheit ist es, dieses
Naturgesetz zu verstehen und fest im eigenen Bewusstsein zu verankern. Eine solche Haltung bildet das Fun-
dament einer gelassenen Lebenshaltung.

***Halte dich nicht auf
mit einem Dummkopf.*** [61]

Die Stelle findet sich in dem ägyptischen *Papyrus Louvre
2414* (ca. 2. Jh. v. Chr.). Sie bezeichnet einen wichtigen
Anwendungsfall für die Duldsamkeit, nämlich den Umgang mit anderen Menschen. Wie oft geschieht es, dass
wir von der Ignoranz, Intoleranz, Unfreundlichkeit,
Grobheit oder Aggressivität anderer Menschen heimge-
sucht werden. Wir sind verletzt, fahren auf, ärgern uns
oder versuchen vielleicht, mit gleicher Münze heimzu-
zahlen. Duldsame Gelassenheit empfiehlt, nichts von al-
ledem zu tun, sondern das Geschehen innerlich und äußerlich nicht an sich herankommen zu lassen. Das gelingt
uns, wenn wir unsere Gedanken und Empfindungen von
dem Gefühl der Verletzung wegführen, indem wir uns
etwa sagen: »Diesem Menschen muss es sehr schlechtge-
hen. Ich bin froh, dass ich nicht seine Probleme habe.«
Oder: »Bleib ruhig! Was stört es den Mond, wenn der
Hund ihn anbellt.« Ein solches Reaktionsschema können
wir uns aneignen, bis es automatisch und spontan in
Gang gesetzt wird, wenn wir wieder in eine solche Situation gelangen. Nach einiger Zeit werden wir duldsamer
und gelassener.

Zu der Natur sagt der Weise:
»Gib, was du willst; nimm zurück, was du willst!«

Vollständig lautet diese Stelle bei dem römischen Philosophenkaiser *Marc Aurel: Zu der Natur, die alles gibt und wieder nimmt, sagt der wirklich gebildete und bescheidene Mensch: »Gib, was du willst; nimm zurück, was du willst!«*[62]

»Natur« kann hier auch verstanden werden als der Gang der Dinge oder das Schicksal. Marc Aurel war Stoiker, ein Anhänger einer philosophischen Richtung, die von griechischen Philosophen entwickelt wurde und unter den gebildeten Römern weit verbreitet war. Vor allem das geduldige Ertragenkönnen des (Miss-)Geschicks war ihnen wichtig. Die Unerschütterlichkeit des Weisen war ihr Ideal. Das hat sich in dem Wort »stoisch« bis heute bewahrt.

Der Weise lässt sich durch ein Missgeschick nicht die Laune verderben.

Das ist der Sinn folgender Erzählung über eine Gewohnheit des griechischen Philosophen *Diogenes von Sinope: War ihm wieder einmal ein Missgeschick passiert, sagte er jeweils: »Gut, dass du mich zum Vorgesetzten eines Mannes ernannt hast, Schicksal.« Bei solchen Gelegenheiten pflegte er pfeifend davonzugehen.*[63]

Diogenes bedankt sich bei dem Schicksal für die Duldsamkeit und Tapferkeit, die ihm mitgegeben wurden. Denn diese Eigenschaften ermöglichen es ihm, über jedes Missgeschick gelassen und heiter hinwegzusehen. Mit Ironie verschweigt er, dass es in der Verantwortung des Einzelnen selbst liegt, ob er die Kraft und Ausdauer aufbringt, sich durch Schicksalsschläge nicht aus der Ruhe bringen zu lassen. »Eines Mannes« bedeutet hier keinen geschlechtsspezifischen Unterschied, sondern soll für die Tugend der Tapferkeit stehen, die damals eher mit dem Mann, der in den Krieg zieht, in Verbindung gebracht wurde.

**Wir gehen und wissen nicht, wohin;
wir bleiben und wissen nicht, wo.**

Der Ausspruch stammt von dem chinesischen Philosophen *Liezi* und lautet im Zusammenhang: *Dscheng sprach:*
»Nicht einmal dein Leib ist dein Eigentum, wie willst du da
den Sinn (Dao) zum Eigentum dir machen?« Schun sprach:
»Wenn mein Leib nicht mein Eigentum ist, wessen Eigentum
ist er denn dann?« Jener sprach: »Er ist die Form, die Him-
mel und Erde dir zugeteilt. Dein Leben ist nicht dein Eigen,
es ist das Gleichgewicht der Kräfte, das Himmel und Erde dir
zugeteilt. Deine Natur und dein Schicksal sind nicht dein
Eigen, sie sind der Lauf, den Himmel und Erde dir zugeteilt.
Deine Söhne und Enkel sind nicht dein Eigen, sie sind die
Überbleibsel, die Himmel und Erde dir zugeteilt. Darum:
Wir gehen und wissen nicht, wohin, wir bleiben und wissen
nicht, wo ... «[64]

Für »Überbleibsel« heißt es wörtlich »abgeworfene Lar-
venhaut«. Die Passage drückt eine fundamentale Erkenntnis antiken Weisheitswissens aus: dass der Mensch
hineingeworfen ist in Umstände und Geschehensabläufe,
die er allenfalls zu einem geringen Teil beeinflussen und
beherrschen kann. Mit der Welt Frieden schließen bedeutet daher, diese Grundtatsache duldsam und gelassen
hinzunehmen und sich einzufügen in den Lauf der Dinge (Dao, der rechte Weg). Das gelingt uns, wenn wir uns
immer wieder vergegenwärtigen, dass wir schon nicht
wissen, was uns der morgige Tag bringt.

Wer gelassen ist,
fügt sich in den Lauf der Dinge.

Bei *Zhuangzi* lesen wir: *Das Bekommen hat seine Zeit, das Verlieren ist der Lauf der Dinge. Wer es versteht, mit der ihm zugemessenen Zeit zufrieden zu sein und sich zu fügen in den Lauf der Dinge, dem vermag Freude und Leid nichts anzuhaben. Ich nahe mich jetzt dem Augenblick, den die Alten bezeichnet haben als Lösung der Bande (Tod, aber auch Erleuchtung[65]). Der Gebundene kann sich nicht selber lösen; die Verhältnisse binden ihn, aber die Verhältnisse sind nicht stärker als die Natur. Das ist von jeher so gewesen. Was sollte mir dabei leidtun? … Nun ist die Natur der große Schmelzofen, der Schöpfer ist der große Gießer: wohin er mich schickt, soll es mir recht sein. Es ist vollbracht; ich schlafe ein, und ruhig werde ich wieder aufwachen.*[66]

Wenn in diesen Formulierungen neben dem »Leid« auch von der »Freude« die Rede ist, die ebenfalls überwunden werden müsse, so deshalb, weil die Alten meinten, beides sei untrennbar miteinander verbunden. Wer sich vom Leid befreien wolle, der müsse auch bereit sein, auf bestimmte Formen der Freude (»Lüste«) zu verzichten. Das schließt nicht aus, dass er sich im Ganzen glücklich fühlt. Sich »in den Lauf der Dinge fügen« bedeutete für die Alten, Frieden mit seinem Geschick zu schließen. Dieser Friede ist nachhaltige, tiefe Zufriedenheit.

Gelassenheit ist die Kunst
des Tragens.

So drückte es *Seneca* einmal aus: *Die Natur, die wohl wusste, welchen harten Prüfungen sie uns durch unsere Geburt aussetzte, hat sich kein größeres Verdienst um uns erworben als dies, dass sie zur Linderung unseres Ungemachs die Gewohnheit erfand, die uns bald auch mit dem Schwersten vertraut macht ... Das ganze Leben ist im Grunde nichts anderes als Knechtschaft. Darum gilt es, sich an seine Lage zu gewöhnen ... Begegnen wir den Schwierigkeiten mit kühlem Verstande: auch das Harte kann erweicht und das Enge erweitert und die Last minder drückend gemacht werden, wenn man sich nur auf die Kunst des Tragens versteht.*[67]

Wie kein anderer Denker der Antike betonte Seneca, dass es für eine weise Lebensführung nicht ausreicht, die Probleme und Aufgaben des Lebens rein intellektuell zu verstehen. Da wir nicht nur durch unsere Vernunft, sondern im gleichen Maße von unseren Emotionen und dem Unbewussten gesteuert werden, ist es nötig, eine gewonnene Erkenntnis in ein gewohnheitsmäßiges Verhalten zu überführen. Erst wenn uns dies gelingt, ändert sich etwas in unserem Leben. Andernfalls bleibt jede Erkenntnis wirkungslos.

FREIHEIT

Ohne die wir nicht sein können

Der Weise soll sich nicht dem
Zwang der Sitte fügen, sondern ein unabhängiges
Leben führen. [68]

Ein wichtiges und grundlegendes Motiv aller Lebensweisheit war seit jeher der Wunsch nach innerer Freiheit und Unabhängigkeit: dass wir möglichst so sein und leben können, wie es uns angemessen ist und wie wir es selbst bestimmen, dass wir in allen Lebenslagen uns selbst nahe sind und in dieser Nähe unsere Ruhe, Zufriedenheit und Erfüllung finden. Authentizität, Echtheit würden wir heute sagen, Autarkie, Selbstgenügsamkeit nannten es die alten Griechen. Sie meinten damit ein Leben, das von äußeren Umständen, Gütern, Menschen und Einflüssen weitgehend unabhängig ist. Für sie war eine solche Unabhängigkeit ein Kennzeichen des größten Glücks, das der Mensch in seinem Leben erreichen kann. Aller Freiheitsdrang, der sich in der Geschichte der Völker immer wieder unter größten Opfern gegen Unterdrückung wehrt, gründet letztlich in dieser fundamentalen Sehnsucht des Einzelnen nach Freiheit. Die Freiheit, die die Alten meinten, war aber vor allem innere Freiheit. Das Zitat stammt von dem griechischen Philosophen *Demokrit*.

Da blicken sie befriedigt und ruhig
aus ihren Stricken und Banden heraus und meinen,
sie haben's erreicht.

So sah der chinesische Philosoph *Zhuangzi* auf die Wohlhabenden und Mächtigen der Welt und freute sich seiner persönlichen Ungebundenheit und Freiheit. Außer einem Aufseherposten in einem öffentlichen Garten soll er sich jedem Amt verweigert haben. Er hatte ein weitreichendes Wissen und begnügte sich mit diesem inneren Reichtum. Er fand seine Erfüllung darin, sich in großartigen Gleichnissen und Geschichten über die Mächtigen und Reichen, über seine philosophischen Gegner, über die selbsternannten Weisen und nicht zuletzt über sich selbst lustig zu machen. Nicht ohne dabei eine tiefe Einsicht in das Wesen des Menschen und die richtige Lebensführung zu offenbaren! Das Buch, das seinen Namen trägt, ist eines der bedeutendsten Weisheitsbücher nicht nur der reichen chinesischen Geistesgeschichte. Das Zitat lautet im Zusammenhang: *Innerlich sind sie vollgestopft mit Reisig, und äußerlich sind sie gefesselt mit doppelten Stricken und Banden, und da blicken sie befriedigt und ruhig aus ihren Stricken und Banden heraus um sich und meinen, sie haben's erreicht.*[69]

Auf die Frage, warum er das Theater stets gegen
die Richtung der Herausströmenden betrat,
antwortete der griechische Philosoph Diogenes:
»In meinem ganzen Leben bemühe ich mich,
das zu tun.« [70]

Für ein Leben unabhängig von gesellschaftlichen Kon-
ventionen dürfte es kaum ein besseres Bild geben als das-
jenige, das hier von dem Philosophen »aus der Tonne«
überliefert wird. Er führte ein im hohen Maße selbstbe-
stimmtes Leben. Er trieb dies bis ins Extrem, nicht zuletzt auch mit dem Ziel, ein selbstgefälliges Bürgertum in
seiner gedankenlosen Trägheit zu provozieren und zu
einer eigenständigen, bewussten Lebensführung wach-
zurütteln. Die Skandale der Surrealisten im 20. Jahrhundert nahm er nicht nur vorweg, sondern überbot sie noch.
Aber er war fest davon überzeugt, dass, wer als Individu-
um leben will, die eingetretenen Pfade meiden muss,
zum persönlichen wie zum Wohle der Gesellschaft. Immer, wenn ich etwas tun möchte, was man »üblicherweise« nicht tut, muss ich an dieses Bild denken. Dann
wächst in mir die Kraft und der Mut, es wirklich zu tun,
nicht immer, aber manchmal.

Die leidvollen Spannungen der Ich- und
Weltverhaftung sind durch ein Schwimmen
gegen die Strömung aufzugeben,
da sie sehr subtil sind.[71]

Eine verblüffende Parallele zur Methode des Diogenes
finden wir in diesem Yoga-Sutra des *Patañjali*. Es ist keine leichte Stelle, aber sie verdeutlicht, was Yoga bedeuten
kann. Danach ist das Ziel des Yoga, sich in der meditati-
ven Selbstversenkung von den vielfältigen Bindungen an
die Welt zu lösen, die als leidvoll erfahren werden. Dazu
zählt auch die Loslösung von den Wünschen und Zielen,
die das Ich in Bezug auf die Welt hat. Der Meditierende
soll so zum Kern seines Selbst vorstoßen. Dadurch gewinnt er ein neues Bewusstsein seiner selbst. Mit diesem
Bewusstsein und dem dadurch gewonnenen Selbstvertrauen kann er sich gestärkt der Welt zuwenden. Mit
»leidvollen Spannungen« sind die inneren Konflikte gemeint, die jedes Wollen in Bezug auf die Welt, die dieses
Wollen häufig behindert, hervorruft. »Subtil« dürfte ein
Hinweis auf das Unbewusste sein, das häufig und auf
vielfältige Weise an der Konfliktentstehung beteiligt ist.
Dieser Prozess der Selbstfindung wird wörtlich bezeichnet als ein »Schwimmen gegen die Strömung«. Gemeint
ist die Unterbrechung des Denkflusses, die Aufgabe der
gewöhnlichen Denkmuster. Nichts anderes meinte Diogenes, freilich bezogen auf das Handeln als eine Frucht
des Denkens.

Nur die Weisen sind wirklich frei.

Diese auf *Aristoteles* zurückgehende Auffassung[72] beruht auf der Einsicht, dass jede Entscheidung und jedes Wollen von unserem Wissen, unseren Vorstellungen, unseren Urteilen abhängt. Wir entscheiden uns zu etwas bzw. wollen etwas, weil wir meinen, es tut uns kurzfristig oder auf Dauer gesehen gut. Wenn wir also nicht bewusstlos und ohne nachzudenken einem Trieb folgen, geht unserem Wollen ein Entscheidungsprozess und ein Urteil voraus. Aristoteles nannte es »Vorzugswahl« (griech. »prohairesis«). Da der Weise aber derjenige sei, der am besten »wisse«, was ihm guttue, also eine zutreffende Erkenntnis von sich und der Welt habe, sei nur er wirklich frei. Die anderen folgen verzerrten und unvollkommenen Einsichten und mehr oder weniger bewussten Trieben. Sie lassen sich täuschen. Sie sehen die Sache nicht, wie sie sei. Insoweit sie aufgrund einer Täuschung oder mangelnden Einsicht entscheiden und handeln, insoweit seien sie nicht »frei«.[73] Wie viele Menschen opfern beispielsweise dem Geld und der Karriere Freundschaften, Beziehungen, Gesundheit und Seelenruhe in der Annahme, es werde sie glücklich machen.

**Wer sich in der ganzen Welt wiederentdeckt,
der ist frei.**

Der Ausspruch stammt aus den indischen *Upanishaden,*
dem philosophischen Teil der Veden, und lautet im Zusammenhang: *Wer so sieht und denkt und erkennt [nämlich
dass die Seele die ganze Welt ist], an der Seele sich freuend,
mit ihr spielend, mit ihr sich paarend und ergötzend, dersel-
bige ist autonom, und ihm ist in allen Welten Freiheit; die es
aber anders als so ansehen, die sind heteronom, (von) ver-
gänglicher Seligkeit, und ihnen ist in allen Welten Unfrei-
heit.*[74]

Das Zitat wird nur verständlich, wenn wir an die Grund-
anschauung der Upanishaden denken, dass der Kern des
Selbst (Atman) und die Weltseele (Brahman) eins sind.
Wir können uns das etwa so vorstellen: In allen Lebe-
wesen und Dingen ist dasselbe Leben / Sein wirksam. Insofern besteht teilweise eine Identität, eine Wesensverwandtschaft. Erkennen wir dies, so erkennen wir auch –
nach dieser Auffassung –, dass alles Glück in uns selbst
liegt.

Die Sehnsucht nach Befreiung ist der Wille,
sich von den Ketten, die die Unwissenheit
geschmiedet hat – vom Ich-Gedanken bis hinab
zum physischen Körper –, durch Erkenntnis des
eigenen wahren Wesens zu befreien.[75]

Der bedeutende Philosoph *Shankara* gibt uns hier eine indische Variante dessen, was Aristoteles in dem vorstehenden Zitat meinte. Es ist besonders die Unkenntnis der eigenen Seele, die unfrei macht. Das Unbewusste und Halbbewusste beeinflusst auf vielfältige Weise unsere Entscheidungen. Es engt unseren Entscheidungsspielraum ein. Erkennen wir uns selbst, unsere Prägungen, Bedürfnisse und inneren Konflikte, machen wir das Unbewusste bewusst oder verstehen zumindest die von ihm ausgehenden Impulse und Einflüsse. Dann sind wir in der Lage, uns diesen Einflüssen zu entziehen, oder umgekehrt, ihnen bewusst zu folgen. Mit wachsendem Verständnis unseres Seelenlebens können wir immer mehr zum Steuermann unseres inneren und äußeren Lebens werden. Bewusstheit macht frei.

SELBSTGENÜGSAMKEIT

Ein vergessener Wert

**Um sein Gemüt zu bilden, gibt es nichts Besseres,
als seine Wünsche gering zu machen.**

Der chinesische Philosoph *Menzius,* von dem das Zitat stammt, fährt fort: *Ein Mensch, der wenig Wünsche hat, wird wohl auch einmal die Gewalt über sein Herz verlieren, aber doch selten. Ein Mensch, der viele Wünsche hat, wird wohl auch einmal die Gewalt über sein Herz behalten, aber doch selten.*[76]

Menzius zeigt, dass Selbstgenügsamkeit und die Fähigkeit zur Selbstbeherrschung eng zusammenhängen. Sich selbst zu bescheiden und sich auf seine inneren Werte zu konzentrieren bedeutet, die vielen nach außen gerichteten Begierden und Triebe, die sich in der eigenen Seele finden, zu zügeln und klein zu halten.

Der Weise führt seine ganze Habe bei sich.[77]

Das Zitat stammt von dem bedeutenden griechischen Komödiendichter *Menandros* (lat. Menander), von dessen vielen Stücken nur einzelne Fragmente erhalten sind. Das ist sehr bedauerlich, denn aus dem, was überliefert ist, und aus seiner beträchtlichen Wirkung auf die Dichter nach ihm können wir schließen, dass er in der Kenntnis des menschlichen Wesens sehr weit fortgeschritten war. Wohl auf ihn dürfte auch jene Maxime zurückgehen, die man als Kennzeichen und Bildungsideal aller Weisheit bezeichnen kann: »Ich bin ein Mensch, nichts Menschliches ist mir fremd.«[78]

Zu dem obigen Zitat sei noch eine kleine Geschichte ergänzt. Als man die Stadt Megara plünderte, sendete der siegreiche Heerführer einen Boten zu dem dort lebenden Philosophen Stilpon, der selbst bei den Feinden hohes Ansehen genoss. Der Sieger bat ihn, die ihm geraubten Gegenstände aufzulisten, damit er sie ihm ersetzen könne. Der Weise erwiderte, er habe von seinem Eigentum nichts verloren, denn niemand habe ihm seine Bildung entführt.[79]

Nie lebt reich, wer in Furcht zitternd und
jammervoll selbst bedürftig sich wähnet. [80]

»Sich selbst bedürftig wähnt« sich, wer glaubt, ihm fehle etwas. Den Ausspruch finden wir bei *Boethius,* einem Philosophen, mit dem wir gewöhnlich die Philosophie der Antike enden lassen (Ende des 5. Jh. n. Chr.). Bei ihm finden wir noch einmal zusammengefasst wesentliche Grundgedanken einer weisen Lebensführung. In dem Zitat werden einige der Gründe angedeutet, warum die Selbstgenügsamkeit erstrebenswert ist: Sie baut Ängste und geistige Armut ab, die darin besteht, dass wir Äußerlichkeiten nacheifern und dadurch die in uns liegenden Werte und Reichtümer vernachlässigen oder gänzlich übersehen.

Pflüge auf den eigenen Feldern, da findest du, was du brauchst.

In der altägyptischen *Lehre des Amenemope* (etwa 1100 v. Chr.) heißt es: *Pflüge auf den eigenen Feldern, da findest du deinen Bedarf, und du empfängst die Brote von deiner eigenen Tenne.*[81]

Ob damit lediglich der Rat ausgesprochen wurde, nicht nach des anderen Besitz zu streben, oder ob damit im übertragenen Sinne zugleich die innere Haltung gemeint war, sich mit dem zu begnügen, was in der eigenen Seele liegt (Selbstgenügsamkeit), ist auch aus dem Textzusammenhang nicht zu entnehmen.

Selbstgenügsamkeit eröffnet uns den Blick auf das Wesentliche.

In der Trostschrift an seine Mutter Helvia schrieb *Seneca: Je ausgedehntere Säulenhallen man errichtet, je höher man die Türme in die Höhe aufsteigen lässt, je breitere Straßen man anlegt, je tiefere Grotten man für die Sommerzeit anlegt, je größere Steinmassen man für den Bau der hohen Speisesäle verwendet, desto mehr verdeckt man sich die Aussicht auf den freien Himmel.*[82]

Je mehr Besitz wir anhäufen, desto eher laufen wir Gefahr, uns den Blick auf das Wesentliche zu verstellen. Die Selbstgenügsamkeit fördert eine Abwertung der äußeren Güter wie Besitz und Reichtum, damit wir die inneren und nachhaltigeren »wahren« Werte erwecken und beleben.

Das auf sich Beruhende ist groß.

Bei dem chinesischen Philosophen *Liezi* lesen wir folgende Verse, die wir auf die Selbstgenügsamkeit beziehen können:

> *Das auf sich selbst Beruhende*
> *stillet, wirket,*
> *ebnet, besänftigt,*
> *leitet, wartet.*[83]

»Das auf sich selbst Beruhende« entspricht, übertragen auf den Menschen, dem Selbstgenügsamen. Die anderen Worte verstehe ich so: »Stillet« vielleicht im Doppelsinn von »macht still« und »befriedigt«. »Wirket« i. S. v. »schafft Wirkungen«. »Ebnet« vielleicht i. S. v. »macht ausgeglichen«. »Besänftigt« i. S. v. »macht innerlich ruhig«. »Leitet« i. S. v. »führt auf den rechten Weg«. »Wartet« i. S. v. »macht duldsam und gelassen«. Die Selbstgenügsamkeit hat danach zahlreiche bedeutsame Wirkungen auf das Seelenleben, und wir können verstehen, warum ihr im Weisheitsdenken der Antike eine so große Bedeutung zukam.

Zufriedene Heiterkeit ist das Ergebnis der Selbstgenügsamkeit.

So jedenfalls lässt sich ein Kommentar von Richard Wilhelm, dem Übersetzer und bedeutenden Kenner der altchinesischen Philosophie, zu einer Aussage zum achtundfünfzigsten Zeichen aus dem *Buch der Wandlungen* zusammenfassen. Das Zeichen heißt »Dui« und bedeutet: das Heitere, der See. In dem knappen Urteil zu diesem Zeichen heißt es: *Das Heitere. Gelingen. Günstig ist Beharrlichkeit.* Der unterste Teil dieses sechsgliedrigen Zeichens ist eine durchgezogene Linie. Sie bedeutet: *Zufriedene Heiterkeit. Heil!* Wilhelm interpretiert dieses Zeichen wie folgt: »Eine stille, wortlose, in sich gesammelte Freude, die nichts von außen begehrt und mit allem zufrieden ist, bleibt frei von allen egoistischen Zu- und Abneigungen. In dieser Freiheit liegt das Heil, denn sie birgt die ruhige Sicherheit des in sich gefestigten Herzens.«[84] Wir haben hier eine treffende Beschreibung der Selbstgenügsamkeit und ihrer Wirkung auf unser Wohlbefinden.

HARMONIE

Der Einklang der Seele

Es gibt eine Musik ohne Töne,
das ist die Freude. [85]

Der Ausspruch stammt von *Konfuzius,* der die Musik sehr liebte. Er war überzeugt davon, dass sie einen starken Einfluss auf das Seelenleben hat. Sie bringe die inneren Kräfte und Bestrebungen in Harmonie und beseitige negative Energien. So trage sie zur inneren Zufriedenheit und Freude bei, denn beides sei das Ergebnis eines harmonischen Seelenzustands. Freude sei die Harmonie der Seele, eine »Musik ohne Töne«. Konfuzius hat hier ein großartiges Bild für die innere Ausgeglichenheit eines Menschen gefunden. Der Gedanke, dass das Glück des Menschen in der Harmonie mit sich selbst liegt, in dem friedlichen Miteinander der unterschiedlichsten Seelenkräfte, war sehr verbreitet im antiken Weisheitsdenken in Ost und West.

Die Seele ist eine Mischung und Vereinigung entgegengesetzter Kräfte.

Im alten Griechenland war die Einsicht weit verbreitet, dass das Glück des Menschen auf einem ausgeglichenen, harmonischen Seelenzustand beruht. Ausgangspunkt war ein Gedanke, der auf *Pythagoras* zurückgeht. Die Quellenlage zu diesem frühen Denker, der im griechisch besiedelten Unteritalien eine Art enge philosophische Lebensgemeinschaft leitete, ist sehr dürftig. Offenbar vertrat er die Auffassung, die Seele selbst *sei eine Art Harmonie.*[86] *Denn auch die Harmonie sei eine Mischung und Vereinigung entgegengesetzter »Kräfte« und der Körper sei aus entgegengesetzten »Stoffen« zusammengesetzt.*[87]

Später entwickelte sich daraus die Vorstellung, dass ein gelungener Ausgleich der häufig widerstreitenden Seelenkräfte und eine dadurch bewirkte Seelenruhe das Ziel und Glück des Menschen ausmachen. Auch Platon war dieser Auffassung.

Harmonische Lebensführung bedeutet, dass der Mensch bei all seinem Tun sich selbst treu bleibt.

Das ist der Sinn der folgenden Stelle aus dem Kapitel »Maß und Mitte« im chinesischen *Buch der Riten, Sitten und Gebräuche: Darum wacht der edle Mensch über sich selbst, auch wenn er allein ist. Wenn Heiterkeit, Zorn, Trauer, Freude sich noch nicht geregt haben, nennt man dies Gleichmaß der Mitte. Haben sie sich bereits geregt, doch in dem ihnen jeweils zukommenden Maße, nennt man dies Harmonie. Gleichmaß der Mitte ist die große Wurzel des Alls; Harmonie ist der allgültige rechte Weg des Alls. Werden Gleichmaß der Mitte und Harmonie zu vollem Wert gebracht, so finden Himmel und Erde den ihnen gemäßen Platz, und alle Dinge gedeihen.*[88]

Hier wird die seelische Harmonie in Verbindung gebracht mit der kosmischen Harmonie, der Harmonie der natürlichen Gesetze, in die wir als lebende Wesen eingebunden sind. Für das harmonische Weltgesetz, den »allgültigen rechten Weg des Alls«, steht das chinesische Zeichen »Dao« oder »Tao«, ein zentraler Begriff der altchinesischen Philosophie. Auch die Worte »Himmel« und »Erde«, deren lebenspendendes Zusammenspiel als »Dao« bezeichnet werden kann, haben bei den Chinesen eine sehr komplexe und vielschichtige Bedeutung.

Das Ziel des Yoga ist die Herstellung eines geistigen Gleichgewichts.

Der indische Philosoph *Shankara* beschreibt die Tätigkeit desjenigen, der Yoga praktiziert, wie folgt: *Der geistig Suchende, der Gleichmut, Selbstbeherrschung, geistiges Gleichgewicht und Langmut besitzt, gibt sich der Übung der Versenkung hin und meditiert über den Atman in sich (persönliche Seele) als den Atman in allem Sein (Weltseele).*[89]

Geistiges Gleichgewicht meint hier die Harmonie des Meditierenden mit seiner existenziellen Situation einerseits, aber auch – wegen der Identität von Selbst und kosmischem Prinzip – mit der kosmischen Ordnung, den Gesetzen der Natur.[90] Anders gesagt: Wir sollen eins sein mit uns und mit der Natur, von der wir ein Teil sind und die in uns wirkt.

Innere Harmonie ist Weisheit –
Weisheit ist Reichtum.

Dieser Ansicht scheint *Sokrates* gewesen zu sein, als er mit folgenden Worten zu den Göttern betete: *Lieber Pan, du und all ihr anderen Gottheiten dieser Stätte, möchtet ihr mir verleihen, schön zu werden im Innern; und dass all mein äußerer Besitz den inneren Eigenschaften nicht widerstreitet. Reich möge mir dünken, wer weise ist.*[91]

Hier kommt zum Ausdruck, dass die richtige innere Einstellung und ein gesundes Seelenleben viel mit Schönheit und Harmonie zu tun haben. Denn nichts anderes als Weisheit ist gemeint, wenn Sokrates sich wünscht, »schön« im Innern zu werden. Der Weise hatte nach Ansicht der alten Griechen eine »schöne« Seele. Eine gelungene Charakterbildung und Lebensführung war ihnen Ausdruck hoher *Lebenskunst*. Es bestand eine große Verwandtschaft von ethischen und ästhetischen Anschauungen.

Vermeide Streitigkeiten.[92]

Das Zitat stammt aus einem alten ägyptischen Weisheitstext, der sogenannten *Lehre des Ani* (16. bis 14. Jh. v. Chr.). Kurz zuvor heißt es: *Ein Ellbogen-Mensch wird nicht im Grabe ruhen.*[93] Im antiken Weisheitsdenken in West und Ost finden wir die Einsicht ausgesprochen, dass der Weise sich nicht streitet. Damit dürfte nicht gemeint sein, dass er jeder Auseinandersetzung aus dem Weg geht oder nicht für seine Überzeugung einsteht. Er meidet jedoch jede Eskalation in Aggression und wahrt stets eine Ebene des Respekts und der Zugewandtheit mit seinem Gegenüber als Menschen, die jenseits sachlicher Differenzen liegt. Für die Ägypter war das ewige »Leben« nach dem Tod wichtiger als das Leben davor. Deshalb bedeutete die Formulierung »nicht im Grabe ruhen« das schlimmste Schicksal, das einem widerfahren kann.

Nichts gewaltsam tun![94]

Die sogenannten »Sieben Weisen« im Griechenland des 7. und 6. Jhs. v. Chr. erlangten eine bis heute andauernde Berühmtheit dadurch, dass sie Lebensweisheit in denkbar knappsten Aussprüchen verdichteten. In der zitierten Mahnung gibt uns *Kleobulos von Lindos,* einer der Sieben Weisen, ein Beispiel dafür. Nichts erzwingen zu wollen ist nicht nur eine Aufforderung zu Flexibilität, Geschmeidigkeit und Weichheit im Umgang mit dem Schicksal und anderen Menschen. Dahinter steht auch das Ziel einer harmonischen Lebensführung in allen Bereichen. Das bedeutet nicht, Widersprüche und Spannungsverhältnisse zu ignorieren oder zu verdrängen, sondern sie in einem Ganzen so zu integrieren, dass dennoch ein geordnetes und friedvolles Miteinander dabei herauskommt. Gelingt uns dies, wird unser Leben zu Wohlklang (Harmonie). Wohlklang führt zu Wohlbefinden. Wohlbefinden ist Glück.

MITTE

Die Geborgenheit im Innern

Die Mitte führt zu körperlicher und seelischer Gesundheit.

Das ist der Sinn der folgenden Stelle bei *Aristoteles*. Er wird nicht müde, vor den Gefahren von Extremen bei der Lebensführung zu warnen: *Als Erstes ist zu erkennen, dass derartige Eigenschaften (Tugenden) durch Mangel oder Übermaß zugrunde zu gehen pflegen ... so, wie wir es bei Kraft und Gesundheit sehen. Denn übermäßiges Turnen vernichtet die Kraft und ebenso zu wenig Turnen. Ebenso zerstören ein Zuviel oder Zuwenig an Speise und Trank die Gesundheit, das Angemessene dagegen schafft die Gesundheit, mehrt sie und erhält sie. So verhält es sich also auch bei der Besonnenheit, Tapferkeit und den übrigen Tugenden. Wer alles flieht und fürchtet und nichts aushält, der wird feige, wer aber vor gar nichts Angst hat, sondern auf alles losgeht, der wird tollkühn; und wer jede Lust auskostet und sich keiner enthält, wird zügellos, wer aber alle Lust meidet, wird stumpf wie ein Tölpel. So gehen also Besonnenheit und Tapferkeit durch Übermaß und Mangel zugrunde, werden aber durch das mittlere Maß bewahrt.*[95]

Wir sehen hier, wie sich das Weisheitswissen für ein gelungenes Seelenleben aus Gesundheitsregeln für das körperliche Wohlbefinden entwickelt hat. Weisheit ist »Gesund-Denken«.[96] Freilich muss hinzukommen, dass dieses Denken auch in Lebenspraxis umschlägt und in unseren Verhaltensgewohnheiten ihren Niederschlag findet.

Weise handeln bedeutet,
auf des Messers Schneide zu gehen.

Das ist der Sinn eines Bildes, das in den altindischen *Upanishaden* dazu gebraucht wird, um zum Ausdruck zu bringen, dass Wahrheit und Weisheit nur in einer ausbalancierten Mitte zu finden sind. Zwei Stellen dazu. Die erste lautet: *Steht auf! Wacht auf! Sucht euch treffliche Lehrer, hört auf sie! Wie es schwer ist, auf scharfer Messerschneide zu gehen, so ist schwer der Weg, den euch die Weisen lehren.*[97] Die zweite: *Wie der Gaukler, wenn er die über eine Grube gelegte Schwertschneide betritt, zu sich spricht: »Sachte, sachte! Oder ich falle in die Grube« –, also soll man sich vor einer Unwahrheit hüten!*[98]

Der Weise ist bei all seinem Tun vorsichtig und achtsam.

Sich an den Mittelweg zu halten, kommt der Wahrheit näher.

Der Satz stammt von *Menzius*, einem bedeutenden Nachfolger des Konfuzius. Weiter heißt es im Text: *Aber wenn man sich nur an den Mittelweg hält ohne eigenes Urteil, so ist das auch Einseitigkeit. Warum ich die Einseitigkeit hasse, das ist, weil sie der Wahrheit Eintrag tut, indem sie einen einzelnen Punkt betont auf Kosten von hundert anderen.*[99]

Richard Wilhelm, der Übersetzer der Stelle, bemerkt dazu: »Vielleicht zeigt sich nirgends besser als hier, wie weit der konfuzianische Weg von Maß und Mitte von einer bloß mechanischen bürgerlichen Mittelmäßigkeit entfernt ist.«[100] Wir können ergänzen: auch von jeder »mechanischen« Anwendung von Weisheit oder Weisheitsregeln überhaupt. Weisheit ist keine Mathematik, kein Automatismus, sondern eine Kunst, nämlich Lebenskunst. Berücksichtigen wir nicht stets alle konkreten Umstände und das Ganze unserer Persönlichkeit und den Zusammenhang der verschiedenen Weisheitsregeln, so werden wir nicht die beste Entscheidung treffen. Das macht weise Lebensführung so anspruchsvoll. Besonderes Augenmerk verdient der weitere Hinweis in dem Zitat des Menzius, wonach wir einer Weisheit nie »ohne eigenes Urteil« folgen sollten.

Der Vollendete wandelt
auf dem mittleren Pfad.

Das war die Auffassung *Siddhartha Gautamas* (Buddha):
*Zwei gegensätzliche Verhaltensweisen gibt es, ihr Mönche,
nach denen sich ein Asket, der der Welt entsagte, nicht richten
soll. Welche zwei? Die eine, die bei den Begierden sich der
Lust und Freude hingibt, die niedrige, von hässlicher Art, die
dem gewöhnlichen Menschen angemessene, unedle, die zu
keinem Ziel führt; und jene, die sich der Selbstpeinigung
weiht, die leidvolle, unedle, die keinen Zweck hat. Diese beiden Gegensätze vermeidend, führt der durch den Vollendeten
offenbar gewordene mittlere Pfad, der Schau und Erkenntnis
bewirkt, zur Ruhe, zum Wissen, zur Erleuchtung, zum Ver-
löschen (zum Nibbana, Nirvana). Und welches, ihr Mönche,
ist dieser durch den Erhabenen offenbar gewordene mittlere
Pfad, der Schau und Erkenntnis bewirkt, zur Ruhe, zum
Wissen, zur Erleuchtung, zum Nibbana führt? Es ist dies der
edle achtteilige Pfad, der da heißt: rechte Anschauung, rechte
Gesinnung, rechte Rede, rechte Tat, rechtes Leben, rechtes
Streben, rechtes Überdenken und rechtes Sichversenken ...* [101]

Zu diesem Urteil gelangte Buddha, nachdem er selbst
über Jahre hinweg vergeblich versucht hatte, durch
strengste Enthaltsamkeit und Selbstkasteiung Erleuchtung zu erlangen.

Das Beste ist die unserer Individualität
entsprechende Mitte.

Bei *Theophrast,* einem Schüler des Aristoteles und späteren Leiter seiner philosophischen Schule, lesen wir: *Das Beste ist das unserer Individualität entsprechende Mittelmaß … Dies individuelle Mittlere wird durch unsere Vernunft bestimmt. Die Tugend (Weisheit) ist also ein vorsätzliches Verhalten, das auf dem unserer Individualität entsprechenden Mittelmaß beruht, bestimmt durch die Vernunft, und zwar wie es der Verständige bestimmt.*[102]

Das Wort »Mittelmaß«, das in dieser älteren Übersetzung verwendet wird, hat im gegenwärtigen Sprachgebrauch eine abwertende Bedeutung und sollte besser durch »Mitte« ersetzt werden. Treffend an dem Wort »Mittelmaß« ist allerdings die anklingende Verbindung von Maß und Mitte. Die eigene Mitte zu wahren bedeutet, einen Ausgleich der häufig gegenläufigen seelisch-geistigen Kräfte, Triebe, Bedürfnisse, Ängste usw. herbeizuführen und zu wahren.

Wer die Mitte wahren kann,
verdient höchsten Ruhm.

Bei dem chinesischen Philosophen *Zhuangzi* finden wir folgende Geschichte: *Im Staate Lu war einmal ein Mann, der lebte in Felsklüften und trank Wasser und hielt sich fern von allem Streben nach weltlichem Gewinn. So war er siebzig Jahre alt geworden, und sein Antlitz war noch frisch wie das eines Kindes. Unglücklicherweise begegnete er einmal einem hungrigen Tiger. Der hungrige Tiger fraß ihn auf. Da war auch ein anderer Mann, der lebte mit Arm und Reich in regem Verkehr. Als er aber vierzig Jahre alt geworden war, da bekam er ein innerliches Fieber, an dem er starb. Der eine dieser beiden pflegte sein Inneres, aber der Tiger fraß sein Äußeres; der andere pflegte sein Äußeres, aber die Krankheit griff sein Inneres an ... Kung Dsi (Konfuzius) hat einmal gesagt: Sich nicht zurückziehen und verbergen, nicht hervortreten und sich zeigen, frei von allen Nebengedanken die Mitte wahren; wer das erlangt hat, der ist sicher höchsten Ruhmes würdig.*[103]

»Mit Arm und Reich in regem Verkehr leben« bedeutet hier, ein ganz nach außen gerichtetes Leben führen. »Hervortreten und sich zeigen« meint, Ehre und Ansehen erstreben. Zhuangzi scheint Konfuzius recht geben zu wollen, der bei der Frage, wie viel »äußeres« und »inneres« Leben wir pflegen sollten, die Mitte empfiehlt, und zwar »ohne Nebengedanken«, d. h. ohne sich insgeheim doch etwa nach Ruhm oder Reichtum zu sehnen.

Zu viel ist ebenso falsch
wie zu wenig. [104]

Der Ausspruch stammt von *Konfuzius*. Der deutsche Gegenwartsphilosoph Lutz Geldsetzer, der sich intensiv mit der klassischen chinesischen Philosophie beschäftigt hat, kommentiert diese Stelle wie folgt: »Hier kann man den Übergang von Zhong (Mitte) ... zum Yong (Maß) ... – von der Mitte zum Maß –, von dem im Buch von ›Mitte und Maß‹ die Rede ist, schön ersehen. Zu viel und zu wenig sind selbst schon Maßverhältnisse, und um ihr Maß beurteilen zu können, muss man über das richtige Maß, nämlich die Mitte als Ausgangspunkt, verfügen. Gewiss kann es sich nicht um eine quantitative Maß- oder Messskala handeln.« [105] Auf Letzteres wies schon Aristoteles hin, in dessen ethischem Denken der »mittlere Weg« eine zentrale Rolle spielt. Die Frage des rechten Maßes ist die Frage nach der eigenen Mitte. Die Frage nach der eigenen Mitte ist die nach dem rechten Maß.

SAMMLUNG

Intime Begegnung mit uns selbst

Wer sich nur nach außen wendet,
ohne zu sich selbst zurückzukehren,
der geht als Gespenst um.

Das Zitat stammt von dem chinesischen Philosophen *Zhuangzi* und lautet vollständig: *Darum, wer sich nur nach außen wendet, ohne zu sich selbst zurückzukehren, der geht als Gespenst um; und hat er, was er da draußen sucht, erreicht, so zeigt sich, dass, was er erreicht hat, der Tod ist. Und wenn er trotz dieser Vernichtung seines Geistes noch körperlich weiterbesteht, so ist er doch nichts weiter als ein lebendes Gespenst.*[106]

Hier wird die Sammlung als das Leben, die Zerstreuung in der Welt als der Tod angesehen; jedenfalls dann, wenn es dem Menschen nicht gelingt, immer wieder zu sich zurückzukehren, in sich zu gehen und sich auf seine Mitte zu konzentrieren, auf sein »eigentliches Wesen«.

Yoga ist jener innere Zustand, in dem die
seelisch-geistigen Vorgänge zur Ruhe kommen.
Dann ruht der Sehende in seiner Wesensidentität. [107]

Diese Sätze stehen am Anfang der berühmten Yoga-Sutren des *Patañjali*. Sie sind zentral für das ganze indische Denken. Rückzug aus allem gegenständlichen Denken und Versenkung in sich selbst führt zu dem Kern des eigenen Selbst. Dort findet der Meditierende sein eigentliches Wesen und ruht in seiner Mitte. Das gesamte antike Weisheitsdenken wusste um die große Bedeutung der inneren Sammlung. Aber keine Richtung hat sie so radikal praktiziert wie der Yoga, der bis auf die Anfänge der antiken indischen Philosophie zurückgeht. Die dabei gemachten Erfahrungen geben bis heute Anlass zu staunender Bewunderung. Weiter heißt es im Text: *Alle anderen inneren Zustände sind bestimmt durch die Identifizierung mit den seelisch-geistigen Vorgängen.* [108] »Identifizierung« meint die gedankliche Fixierung auf einen Gegenstand. Für einen großen Teil des altindischen Denkens war – sehr verallgemeinernd gesprochen – das Geistige alles, das Materielle nichts, nämlich nur Täuschung, Illusion, Maya.

***Der wird sich selbst nicht verlieren,
der es gelernt hat, den Schritt anzuhalten.***

So könnte man eine Gewohnheit des *Sokrates* umschreiben, die uns ein antiker Schriftsteller mit den nachstehenden Worten überliefert hat: *Wir haben gehört, dass Sokrates neben anderen freiwilligen Kraftproben und Leibesübungen, um sich gegen Schicksalsschläge abzuhärten, auch die Gewohnheit hatte, Folgendes zu tun. Oft stand er, sagt man, den ganzen Tag und die ganze Nacht, von einem Sonnenaufgang zum anderen, ohne mit den Augen zu blinzeln, unbeweglich, die Füße auf demselben Fleck, das Antlitz und den Blick auf einen Fixpunkt gerichtet, in Nachdenken versunken, als wären sein Geist und seine Seele vom Körper getrennt.*[109]

Konzentriertes Nachdenken scheint die griechische Art der Sammlung und des Meditierens gewesen zu sein.

Bevor du einschläfst,
bedenke die Werke des Tages.

Es gibt ein antikes Gedicht in griechischer Sprache, das eine Reihe von Weisheiten enthält. Man nennt es das »Goldene Gedicht« oder die »Goldenen Verse«. Von wem es stammt, weiß man nicht. Aufgrund seines Inhalts wird vermutet, dass der oder die Autoren Anhänger der pythagoreischen Schule waren. Manche Teile könnten sogar von *Pythagoras* selbst stammen. Dort wird folgende Form der Sammlung beschrieben:

Lass den Schlaf nicht zu deinen sanften Augen kommen,
ehe du jedes der Werke des Tages dreimal durchdacht hast:
Worin habe ich gefehlt? Was habe ich getan?
Was habe ich versäumt? …
Darin bemühe dich, darin übe dich,
dies musst du lieben.[110]

Ein paar hundert Jahre später adaptierte Seneca diese Übung für sich und versicherte, dass er danach stets gut schlafe.

Wann ist ein Mensch gut gestimmt? –
Wenn er nicht zu viel auf einmal tut. [III]

Die Antwort soll der griechische Geschichtsschreiber *Herodot* gegeben haben. Er war ein Zeitgenosse des Sokrates und gilt als der »Vater der Geschichtsschreibung«. Wenn wir etwas konzentriert und gesammelt tun, dann hebt sich unsere Stimmung, während die Vielgeschäftigkeit die Gefahr in sich birgt, dass wir uns in der Zerstreutheit verlieren und schließlich in eine schlechte Stimmung geraten. Modern gesprochen: Multitasking verdirbt die Stimmung. Mehr oder weniger denken und tun wir oftmals Verschiedenes nebeneinander. Manche Menschen schöpfen viel Anerkennung und Selbstbestätigung daraus, dass sie auf diese Weise vieles bewirken. Zahlreiche Weise des Altertums waren jedoch der Meinung, dass wir das, was wir gerade tun, denken oder erleben, ganz und ungeteilt (»gesammelt«) tun sollten. Nur so werde der höchste Grad bewussten und achtsamen Lebens erreicht.

Hör mal auf, dich um das Haus
zu kümmern!

In dem alten ägyptischen Weisheitsbuch des *Ptahhotep* lesen wir:

> *Folge deinem Herzen, solange du lebst,*
> *und tu nicht mehr, als man dir aufträgt.*
> *Verkürze nicht die Zeit für deine Vergnügungen,*
> *hör mal auf, dich um das Haus zu kümmern.*[112]

Innere Sammlung setzt Muße und Abstand vom Alltag voraus. Je mehr wir in der Lage sind, das Drumherum zu vergessen und uns für ein paar Minuten, eine halbe Stunde oder einen ganzen Tag »um nichts zu kümmern«, desto näher kommen wir uns selbst, desto intensiver spüren und erinnern wir uns wieder, was wichtig für uns ist.

*Dann vor allem zieh dich in dich
selbst zurück, wenn du genötigt bist,
unter der Menge zu leben.* [113]

Der Ausspruch stammt von *Seneca*. Es ist umso dring-
licher, dass wir uns regelmäßig zurückziehen, eine Zeit
für uns alleine sind und uns sammeln, je mehr wir aufgrund unserer beruflichen oder sozialen Tätigkeit mit
vielen Menschen zu tun haben. Die regelmäßige Sammlung zentriert uns wieder auf unsere Mitte. Sie prüft das,
was wir tun, am Maßstab unserer eigentlichen Bedürfnisse und wichtigsten Werte. Mit Hilfe einer solchen Revision, Werteversicherung, unter Umständen auch Neu-
bewertung können wir wieder Kurs aufnehmen auf
unserem Lebensweg und uns auf das konzentrieren, was
uns wichtig ist.

BESITZ

Goldene Fesseln

Wie zahlreich sind doch die Dinge,
deren ich nicht bedarf![114]

Jedes Mal, wenn ich ein Kaufhaus betrete, muss ich an diese Worte des *Sokrates* denken, die er gesagt haben soll, als er auf dem Markt von Athen die Massen von Verkaufsartikeln sah. Der Ausspruch führt in das Zentrum allen Weisheitsdenkens: Was bedeuten uns all diese Dinge? Wohin führt ständiger Konsum? Wer sind wir? Was ist der Sinn unseres Lebens? Was erfüllt uns? Was dient dieser Erfüllung? Was lenkt von ihr ab?

Wenn man im Nicht-Besitzergreifen fest gegründet ist, erkennt man das Wesen des Lebens. [115]

Für den Yoga, ursprünglich eine bedeutende philosophische Richtung des alten Indiens, ist das Nicht-Besitzergreifen eine der fünf Regeln der äußeren Disziplin. Das kann nicht verwundern, denn Yoga ist die Philosophie und Praxis der Loslösung schlechthin. Dabei ist die Loslösung vom Besitz nicht die schwierigste Übung. Noch mehr Mühe macht es, sich von dem permanenten Gedankenstrom zu lösen und das Denken vorübergehend zum Stillstand zu bringen. Das aber ist das Ziel der yogischen Versenkung.

Die Person oder der Besitz:
Was ist mehr?

Im Daodejing (Tao-Te-King) des *Laotse* heißt es:

> *Die Person oder der Besitz:*
> *Was ist mehr?* ...
> *Wer sein Herz an anderes hängt,*
> *verbraucht notwendig Großes.*
> *Wer viel sammelt,*
> *verliert notwendig Wichtiges.* [116]

Das Große, das wir verbrauchen, wenn wir zu sehr an unserem Besitz hängen, ist unser Herz, mit anderen Worten: unsere Emotionalität, unsere lebendige Mitte, unser Selbst, unsere Authentizität. Was wir verlieren, wenn wir zu viel Materielles um uns anhäufen, sind unsere Unabhängigkeit und Selbstgenügsamkeit. Das Wort »notwendig« deutet darauf hin, dass Laotse der Meinung war, die Anhäufung von Besitz führe zwangsläufig zu einer Abhängigkeit und es sei nicht möglich, bei ausgeprägtem Besitzstreben innere Freiheit zu wahren.

Ich besitze nicht,
damit ich nicht besessen werde! [117]

So lautet die berühmte Formel des griechischen Philosophen *Antisthenes,* eines Schülers des Sokrates. Sie propa-
giert den Verzicht auf jeglichen Besitz und stellt die ex-
tremste Form dar, sich von den Sorgen und Lasten, die
mit ihm verbunden sind, zu befreien. In der Doppeldeu-
tigkeit des Worts »besessen« kommt gut zum Ausdruck,
worum es Antisthenes geht. Der Gedanke, die Abhängigkeit von Äußerlichkeiten zu vermeiden oder doch so
gering wie möglich zu halten, das Glück nicht in Äußerlichkeiten zu suchen, sondern in einem selbst, gehört
zum Kernbestand antiken Weisheitsdenkens in West
und Ost.

Ich besitze,
aber ich werde nicht besessen. [118]

Das war die Antwort des *Aristippos* auf Antisthenes *(Ich besitze nicht, damit ich nicht besessen werde)*. Entscheidend für das Wohlbefinden eines Menschen war für Aristippos nicht, ob und wie viel er besitzt, sondern welche innere Einstellung er zu seinem Besitz hat. Wenn wir darauf achten, dass unsere innere Ausgeglichenheit, Zufriedenheit und Authentizität nicht von unserem Besitz abhängt, dann können wir besitzen, so viel wir wollen. Besitzen wir viel, so genießen wir es – besitzen wir wenig, so genügt uns das wenige. Es ist allerdings sehr schwer, eine solche innere Unabhängigkeit von seinem Besitzstand zu erlangen und zu bewahren. Sehr stark ist die Macht der Gewohnheit, und es fällt dem Menschen schwer, sie durch eine andere zu ersetzen.

Krates, Sklave des Krates, entlässt Krates in die Freiheit![119]

Der griechische Philosoph *Krates* stammte aus einer der reichsten Familien von Theben. Eines Tages ging er auf den Marktplatz und verschenkte sein ganzes Vermögen, wobei er die zitierten Worte gesagt haben soll. Er habe Geschäfte, Sorgen und Aufregungen nicht mehr ausstehen können und Zuflucht in der Philosophie gefunden, kommentierte später ein antiker Schriftsteller.[120]

Da in dieser Sammlung ausschließlich Männer zitiert werden können, weil uns Weisheitssprüche von Frauen aus der Antike praktisch nicht überliefert wurden, soll Folgendes nicht unerwähnt bleiben: Dem Krates schloss sich eine Frau aus reichem Hause an, Hipparchia mit Namen. Auch sie verzichtete auf ein Leben in Wohlstand, wurde Philosophin und schrieb Bücher, die uns bedauerlicherweise nicht erhalten sind. Beide gehörten einer philosophischen Richtung an, dem Kynismus, der ein naturhaftes Leben in äußerster Selbstgenügsamkeit vertrat. Ihrer Liebe, der sie, ihrer philosophischen Anschauung entsprechend, in aller Öffentlichkeit nachgegangen sein sollen, entsprangen zwei Kinder.

Schon ein kleiner Gegenstand,
der gerafft wird, verdirbt den Menschen.

In der altägyptischen Lehre des *Ptahhotep* (um 2350 v. Chr.) lesen wir folgende Ratschläge an seinen Sohn:

> *Hüte dich vor der Verführung zur Habgier,*
> *denn sie ist eine schlimme, unheilbare Krankheit.*
> …
> *Fort dauert ein Mann, dessen Lebenswege gerade sind.*
> *Wer seine Schritte richtig setzt,*
> *der kann über sein Vermögen verfügen,*
> *doch für den Habgierigen gibt es nicht einmal ein Grab.*
> …
> *Schon ein kleiner Gegenstand, der gerafft wird,*
> *verwandelt einen besonnenen in einen*
> *zänkischen Menschen.*[121]

Dass es »für den Habgierigen nicht einmal ein Grab« gibt, war für die alten Ägypter die schlimmste Strafe, denn sie gingen von einem ewigen Fortleben nach dem Tod aus, das entweder angenehm oder eine endlose Qual sein konnte. Letzteres war der Fall, wenn man kein Grab erhielt. Beachtenswert ist auch die Formulierung, dass derjenige schon auf Erden gut lebt (»fort dauert …«), der »seine Schritte richtig setzt«, d.h. achtsam und weise sein Leben führt.

FREUNDSCHAFT

Begleiter auf dem Lebensweg

***Es ist noch nie vorgekommen,
dass ein Gebildeter ohne Freund, der widerspricht,
frei von Fehlern bliebe.***

Für das antike Weisheitsdenken in West und Ost galt der (wahre) Freund als einer der wichtigsten Helfer auf dem Weg zur Selbsterkenntnis und zur Entwicklung der eigenen Persönlichkeit. Wie in dem Zitat, das von *Konfuzius* stammt, wurde er als ein kritischer Spiegel angesehen, in dem wir uns (wieder-)erkennen. Wo der Freund neben der Bestätigung auch warnt und auf Fehler und Schwächen aufmerksam macht, da zeigt er uns das ganze eigene Selbst mit seinen Möglichkeiten, aber auch Grenzen. Dadurch versetzt er uns in die Lage, uns immer wieder neu zu finden, zu orientieren und unsere eigensten Möglichkeiten zu ergreifen. So hilft er uns dabei, uns selbst zu erkennen und zu leben. Und weil wir wissen, dass die Kritik eines wahren Freundes selbstlos und voller Wohlwollen ist, sind wir am ehesten bereit, über sie nachzudenken und sie anzunehmen. Das Zitat lautet im Zusammenhang: *Es ist noch nie vorgekommen, dass ein Fürst ohne die Diener, die ihm widersprechen, ein Vater ohne Sohn, der widerspricht, ein älterer Bruder ohne jüngeren Bruder, der ihm widerspricht, ein Gebildeter ohne Freund, der widerspricht, frei von Fehlern bliebe.*[122]

Tugendhafte Freunde scheinen auch besser zu werden, indem sie einander korrigieren.

Denn jeder nimmt einen Abdruck auf von den Eigenschaften, die ihm am anderen gefallen, und so heißt es: »Edles (Gutes) lernst du von Edlen (Guten).«[123] So wird das Zusammenleben mit dem tugendhaften Freund gleichsam zu einer »Übung der Tugend«[124].

Der Ausspruch stammt von *Aristoteles,* der in seiner »Nikomachischen Ethik« der Freundschaft einen für heutige Verhältnisse ungewöhnlich breiten Raum widmet. Er war der Meinung, dass Freunde mit einem guten Charakter einander besser machen. Und er findet ein treffendes Bild dafür: Von den Eigenschaften, die wir am Freund bewundern, »nehmen wir einen Abdruck oder ein Modell und versuchen, dem nachzueifern«. Mir ist es oft passiert, dass ich in einer Entscheidungssituation daran gedacht habe, was wohl der eine oder andere Freund jetzt machen würde. Der »Freund«, an den ich dabei dachte, war nicht immer eine lebende Person. Auch ein Weiser oder eine Persönlichkeit aus der Vergangenheit wie etwa Sokrates, dessen Leben und Denken uns durch Bücher bekannt ist, kann ein solcher Freund sein. Bemerkenswert ist, dass Aristoteles ein solches Verhalten eine »Übung der Tugend« nennt. Statt »Tugend« können wir auch sagen »Weisheit« oder »richtige Lebensführung«.

Wisse auch, dass jener die höchste Frucht der Weisheit Brahmans erntet, der dem Weg folgt, den der Lehrer, sein wahrer und bester Freund, und die eigene tiefere Einsicht ihm weisen. [125]

Der Ausspruch stammt von dem bedeutenden indischen Philosophen *Shankara*. Der beste Freund ist zugleich Lehrer und Vorbild für eine gelungene Lebensführung. Zu Recht weist Shankara aber darauf hin, dass auch der beste Freund nicht das eigene Denken ersetzt. Er bleibt nur der Helfer auf dem Weg zur eigenen Einsicht. Sokrates nannte dies »Hebammenkunst«. Er wusste, dass Predigen allein nicht hilft. In der Weisheit machen wir nur Fortschritte, wenn wir eine Einsicht eigenständig in uns selbst entwickeln, sei es auch nach Anregung von außen. Dieses Selbstdenken ist zugleich Anspruch und Gütesiegel der Weisheit. Nur wenn wir in diesem Sinne etwas wirklich verstanden haben, werden wir auch die Kraft und Ausdauer erlangen, uns weiterzuentwickeln, d. h. unsere Gewohnheiten zu ändern. Ohne solche Veränderungen aber gibt es keine Entwicklung.

Es gibt kaum etwas Schöneres,
als sich mit dem Freund über die Lebensweisheit
der Alten zu unterhalten.

Es dürfte nur wenige Philosophen geben, die durch ihre Worte und ihr Leben einen so weitreichenden Einfluss auf Generationen von Menschen gehabt haben wie *Sokrates*. Dabei hat er keine einzige schriftliche Zeile hinterlassen. Wir kennen ihn nur aus den Schriften anderer. In einer dieser Schriften wird folgender Dialog wiedergegeben: »*Wie sich ein anderer an einem guten Pferd oder Hund oder Vogel freut, so freue ich mich noch viel mehr an guten Freunden*«, sagte Sokrates. »*Habe ich etwas Gutes, so belehre ich sie, und ich empfehle sie [die Freunde] anderen, bei denen sie nach meiner Auffassung für ihre Jugend gewinnen können. Auch die Kostbarkeiten der früheren weisen Männer, welche jene schriftlich hinterlassen haben, rolle ich mit den Freunden zusammen auf, und ich gehe sie durch, und wenn wir etwas Gutes sehen, nehmen wir es heraus; wir halten es für einen großen Gewinn, wenn wir so einander befreundet werden.*« Als ich, fährt der Übermittler dieser Worte, sein Schüler Xenophon, fort, *dies hörte, schien mir Sokrates glücklich zu sein und auch die Zuhörer zum Schönen und Guten hinzuleiten.*[126]

**Was den Freund so wertvoll macht, ist,
dass wir uns vor ihm nicht zu verstellen und zu
verstecken und nichts zu verheimlichen brauchen.**

Wie dringend selbst große Persönlichkeiten eines solchen Freundes bedürfen, verdeutlicht ein Brief *Ciceros* an seinen Freund Atticus. Dieser hatte Rom in den Bürgerkriegswirren verlassen und für lange Zeit im Verborgenen gelebt. So konnte Cicero nur brieflich mit ihm verkehren. *Sei versichert,* schreibt Cicero, *dass es mir gegenwärtig an nichts mehr fehlt als an einem Menschen, dem ich alles, was mir irgendwie Sorge macht, mitteilen könnte, der mich liebte, der Einsicht hätte, mit dem eine Unterhaltung möglich wäre, bei welcher ich mich nicht zu verstellen, nichts zu verheimlichen oder zu verdecken brauchte.*[127]

Was ist ein Freund? –
Eine Seele in zwei Körpern.[128]

Der Ausspruch stammt von dem griechischen Philosophen *Diogenes von Sinope,* war aber seinerzeit weit verbreitet, denn er wird auch anderen Philosophen zugeschrieben, unter ihnen Aristoteles.

**Der beste Mensch auf Erden macht sich
alle Guten auf Erden zu Freunden.**

Und weiter heißt es in diesem Text des chinesischen Philosophen *Menzius: Aber selbst alle Guten auf Erden zu Freunden zu haben ist ihm noch nicht genug. Er steigt empor in seinen Gedanken zu den Menschen des Altertums, er rezitiert ihre Lieder, er liest ihre Schrift.*[129]

Hier wird Freundschaft verstanden als Seelen- und Geistesverwandtschaft der nach Weisheit Strebenden. Wie sein Vorbild Konfuzius und zahlreiche chinesische Denker bis in die Neuzeit maß er der Überlieferung von Weisheitswissen den größten Wert bei.

DER RECHTE AUGENBLICK – KAIROS

Alles zu seiner Zeit

Aber Myson, jetzt ist doch nicht die
Zeit zum Pflügen!

Der Skythe *Anacharsis* war auf einer Bildungsreise nach Griechenland gekommen und befragte das Orakel, wer der weiseste Grieche sei. Das Orakel nannte ihm einen Bauern namens Myson. Anacharsis suchte und fand ihn. Es war Sommer. Myson saß still im Hof und setzte seinen Pflug instand. »Aber Myson, jetzt ist doch nicht die Zeit zum Pflügen«, gab der Skythe seiner Verwunderung Ausdruck. »Aber die rechte Zeit, sich zum Pflügen zu rüsten«, antwortete Myson.[130] Den richtigen Zeitpunkt für etwas nannten die Griechen »kairos«. Auf ihn zu achten und ihn in seinen Handlungen und Entscheidungen zu treffen ist Weisheit. Platon zählte den einfachen Landmann Myson zu den »Sieben Weisen«,[131] womit er vielleicht auch sagen wollte, dass es durchaus möglich ist, ganz ohne Bücherwissen weise zu werden.

Wer die Zeit trifft, dem gelingt es – wer die Zeit verfehlt, der kommt ins Verderben.

Das Zitat stammt aus einem Dialog bei dem chinesischen Philosophen *Liezi*. Dort heißt es weiter: *Euer Weg war derselbe wie meiner, und doch ist der Erfolg verschieden; das kommt davon, dass ihr die Zeit nicht getroffen, nicht etwa davon, dass ihr in euren Taten es verfehlt hättet. Außerdem gibt es auf der Welt keine Wahrheit, die unter allen Umständen richtig wäre, und keine Handlung, die unter allen Umständen unrichtig wäre. Was in früheren Tagen gebraucht wurde, wird heute vielleicht verworfen. Was heute verworfen wird, wird später vielleicht gebraucht. Ob etwas gebraucht wird oder nicht gebraucht wird, das folgt nicht einer festen Regel. Wie man eine Gelegenheit benützt, die rechte Zeit trifft, den Verhältnissen sich anpasst, dafür gibt es kein Rezept, das kommt alles auf die Klugheit (Weisheit) an. Fehlt es an dieser Klugheit, so mag man einen Herrn nehmen, gelehrt wie Kung Kiu (Konfuzius) und gewandt wie Lü Schang: Er geht hin und hat sicher Misserfolg.*[132]

Eine wichtige Stelle für das Wesen und den Geltungsbereich von Weisheit: Einer Weisheitsregel kommt keine absolute Gültigkeit zu; es kommt alles auf die Anwendung im Einzelfall an. Das macht weise Lebensführung schwierig, garantiert aber auch unsere Freiheit und Eigenverantwortlichkeit.

Wer nicht auf seine Natur,
die rechte Zeit und das richtige Maß achtet,
den tötet am Ende eine Krankheit.

Das ist zusammengefasst der Sinn folgender Stelle bei *Konfuzius: Die beim Schlaf und beim Ruhen nicht die rechte Zeit beobachten, die beim Essen und Trinken nicht mäßig sind, die in Muße oder Anstrengung die Grenzen überschreiten, die tötet alle die Krankheit ... Ein weiser Mensch, der in seinem Leben sich zu beschränken weiß, der in Tun und Lassen sich an die Pflicht hält, der in Freude und Zorn die rechte Zeit trifft und seine Natur nicht schädigt: Ist es nicht ganz in der Ordnung, dass er ein langes Leben erlangt?*[133]

Wir sehen hier zum einen, wie die Weisheit des richtigen Zeitpunkts mit der Weisheit des Maßhaltens zusammenhängt. Zum anderen wird die Nähe von Weisheit und einfacher Gesundheitsregel deutlich, die auch bei den Griechen klar erkennbar ist. Die Lehre, die sich mit der körperlich-geistigen Gesundheit beschäftigt, nannte man früher »Diätetik« von griechisch »díaita« (Lebensart, Leben). Später schrumpfte der Begriffsinhalt zusammen und bedeutete nur noch »Ernährungslehre«. Vielleicht spiegelt sich darin auch eine Veränderung des allgemeinen Bewusstseins wider. Viele wissen, welche Nahrungsmittel für ihren Körper gesund oder ungesund sind, aber nicht, welches Verhalten, welches Denken und welche Gewohnheiten ihrer Seele guttun oder nicht.

Ich bin Kairos,
der alles bezwingt!

In einem Epigramm aus Olympia, das der griechische Dichter *Poseidippos von Pella* verfasst hat, unterhält sich jemand mit dem Gott Kairos, dem man in Olympia einen Altar gebaut hatte. In allegorischer Form zeigt das Gespräch sehr anschaulich die Facetten dieses Aspekts der Lebensweisheit:

Wer bist du?

Ich bin Kairos, der alles bezwingt!

Warum läufst du auf Zehenspitzen?

Ich, der Kairos, laufe unablässig.

Warum hast du Flügel am Fuß?

Ich fliege wie der Wind.

Warum trägst du in deiner Hand ein spitzes Messer?

Um die Menschen daran zu erinnern,

dass ich spitzer bin als ein Messer.

Warum fällt dir eine Haarlocke in die Stirn?

Damit mich ergreifen kann, wer mir begegnet.

Warum bist du am Hinterkopf kahl?

Wenn ich mit fliegendem Fuß erst einmal vorbeigeglitten

bin,

wird mich auch keiner von hinten erwischen,

sosehr er sich auch bemüht.

Und wozu schuf euch der Künstler?

Euch Wanderern zur Belehrung.[134]

Der Weise prüft den Zeitpunkt
für Geduld und Ungeduld.

Aus dem alten *Ägypten* ist uns folgender Ausspruch überliefert: *Geduld und Ungeduld, deren Herr ist das Schicksal, das sie schafft. Der Zeitpunkt für beide wird vom Klugen geprüft.*[135]

Das Schicksal können wir nicht bestimmen, wohl aber den richtigen Augenblick, wann wir durch unser Handeln oder Nichthandeln in das Geschick eingreifen oder nicht, um den weiteren Gang zu beeinflussen oder den Dingen ihren Lauf zu lassen. Geduld ist eine große Tugend – ebenso wie das entschlossene Handeln, wenn der richtige Augenblick gekommen ist.

Und das Herz verharrte in Gehorsam, duldend ohne nachzugeben.

Eine der ersten und bedeutendsten Stellen für die Weisheit des rechten Augenblicks findet sich in der »Odyssee« des *Homer*. Nach zwanzigjähriger Abwesenheit muss sich Odysseus verkleidet in sein eigenes Haus schleichen, in dem fremde Fürsten sein Gut verprassen. Unerkannt von den Freiern seiner Frau wird er von diesen tief erniedrigt. Um aber seinen Plan der Rückeroberung von Frau, Haus und Heimat (Wiedergewinnung seines Selbst) nicht zu gefährden, nimmt er all seine Kraft zusammen und redet auf sich ein, stillzuhalten und zuzuwarten. Schweigend erduldet er die Schmach, weil der rechte Augenblick für seinen Plan noch nicht gekommen ist: *So sprach er, dem lieben Herzen zuredend, und es verharrte in Gehorsam, duldend ohne nachzugeben.*[136] Der bedeutende Altphilologe Hermann Fränkel führt in diesem Zusammenhang aus: »Von Odysseus konnten die zeitgenössischen Hörer lernen, das Leben zu meistern ... die Welt kennenzulernen, wie sie beschaffen ist, mit den Dingen umzugehen, wie es zu unserm Vorteil ist, und mit unserm Leben, jeder mit dem seinen, fertigzuwerden.«[137] Die Epen Homers waren für die Griechen eine Quelle unerschöpflicher Weisheit.

Gelingen und Misslingen
hat seine Zeit.

Dazu folgende Stelle bei dem chinesischen Philosophen *Liezi*. Es spricht Guan I Wu, der später Minister und Berater des Herzogs wurde: *In meiner Jugend, als ich in Bedrängnis war, habe ich mit Bau Schu Ya [dem Herzog] Geschäfte gemacht. Bei der Verteilung der Güter nahm ich selbst den größeren Anteil. Bau Schu Ya hielt mich darum nicht für habgierig, sondern wusste, dass ich es aus Armut tat. Ich machte mit Bau Schu Ya zusammen Pläne und hatte großen Misserfolg. Bau Schu Ya hielt mich darum nicht für töricht, sondern wusste, dass Gelingen und Misslingen seine Zeit hat.*[138] Wer diese Wahrheit beherzigt, der gewinnt an Gelassenheit.

MASSHALTEN

Die Waage des Glücks

Nichts zu sehr!

In der Eingangshalle des Apollontempels in Delphi waren einige der wichtigsten Sinnsprüche der alten Griechen in Stein gemeißelt. So auch das »Nichts zu sehr!« oder »Nichts im Übermaß!«. Wie kaum eine andere Weisheit kennzeichnet diese Mahnung die Ethik der Griechen. Sie sahen darin eine Gesundheitsregel: »Man soll alle Lust nur mäßig wecken, damit man nicht in Krankheit gerät«, heißt es bei Platon.[139] Gesundheit aber war für die Griechen gleichbedeutend mit dauerhaftem Glück, ein bescheidenes vielleicht, aber dennoch grundlegend, weil sie das Leben über alles liebten und wussten, dass »ohne Gesundheit alles nichts ist« (Schopenhauer). Das Ideal der Gesundheit war schon in früher Zeit auch für den geistig-seelischen Bereich maßgebend: Die Besonnenheit, die Tugend des rechten Maßes, bezeichnen die Griechen als »Gesund-Denken«, die Triebe und Leidenschaften dagegen als »Leiden«.[140] So steht das Maßhalten für körperliche und – vielleicht in noch stärkerem Maße – für seelische Gesundheit.

Wahre die richtige Mitte;
solch Maß ist in allem das beste.[141]

Die Aufforderung, in allem Maß und Mitte zu wahren, ist in den Weisheitslehren aller antiken Kulturen fest verankert. Aber bei keinem Volk wurde dieser Grundsatz so bestimmend und universell wie bei den Griechen. Das Zitat ist ein sehr frühes Zeugnis davon. Es stammt aus einem der ersten Lehrgedichte auf griechischem Boden. Es heißt *Werke und Tage* und steht geistesgeschichtlich für den bedeutsamen Übergang von einem mythischen zu einem rationalen Denken. Sein Verfasser war *Hesiod*. Darüber hinaus schrieb er ein Buch über die Entstehung der Welt und der Götter, die *Theogonie*. Es ist unsere Hauptquelle für die Kenntnis der griechischen Mythologie.

Maß und Mitte bewahren –
das ist die höchste Weisheit. Sie ist selten geworden,
seit langem schon. [142]

Nicht nur im alten Griechenland zählte das Maßhalten zu den wesentlichen Weisheiten. Auch für *Konfuzius,* von dem dieses Zitat stammt, war es die höchste Tugend. Wie Aristoteles bringt er das Maß in Verbindung mit der Mitte, nämlich derjenigen zwischen den Extremen. Wir dürfen dies nicht verwechseln mit Mittelmäßigkeit. Es meint vielmehr das »Nichts zu sehr!«, aber nach beiden Richtungen, also Übermaß und Untermaß. Wir können zu viel essen und zu wenig, zu viel arbeiten und zu wenig, zu viel lieben und zu wenig, uns zu viel in uns zurückziehen und zu wenig usw. Nach Meinung des Konfuzius gelinge es den Menschen nur selten, Maß und Mitte zu wahren. In der einen oder anderen Hinsicht seien wir alle mehr oder weniger übermäßig. Die Arbeit an sich selbst ist das kontinuierliche Bestreben, aus dem »Zuviel« ein »Weniger« zu machen.

Auch die Freude kennt ein Maß!

Von dem griechischen Dichter *Archilochos* stammen folgende Verse:

> *Weder freu dich in der Freude,*
> *noch zergräme dich im Leid*
> *übermäßig und vergiss nicht,*
> *welchen Takt das Leben hält!*[143]

Es ist wichtig, darauf zu achten, uns nicht nur in unseren Begierden und Leidenschaften zu mäßigen, sondern auch bei unseren Gefühlen oder Gefühlsausbrüchen wie Freude und Liebe oder Unglück und Leid. Wir können uns der Freude und Liebe hingeben und sie ausleben, aber sollten uns stets bewusst sein, dass sie endlich sind. Deshalb warnte die Antike auch hier vor dem Übermaß. Darauf deutet der zweite Teil des Zitats, der in einer anderen Übersetzung lautet: »Erkenn den Rhythmus, der im Menschenleben herrscht!«[144] Wer den ständigen Wechsel von Leid und Freude kennt, der lebt die Freude aus und genießt sie, wird aber nicht überschwenglich. So ist er innerlich auf den Umschwung vorbereitet. Er vermeidet zudem, dass sich das positive Gefühl durch Maßlosigkeit von selbst ins Negative wendet. Wer sich, um ein Beispiel zu nennen, in der Liebe oder sonst einer Leidenschaft selbst vergisst, der wird auf Dauer nicht viel Freude daran haben.

Frohlocke nicht im Glück,
verzweifle nicht im Unglück!

Wie ein Echo des griechischen Dichters Archilochos klingt es, wenn wir in der indischen *Bhagavadgita* lesen:

Wer nicht frohlockt, nicht mürrisch wird,
Ob Glück, ob Unglück ihn befällt,
In allem frei von Leidenschaft,
Der heißt, o Freund, ein Geistesheld. [145]

Hier wie in alten griechischen Texten ist das, was wir mit »Leidenschaft« übersetzen, nicht das positive »Brennen« für eine gute Sache, sondern stets das negative, das Maß überschreitende, blinde Fiebern für etwas, das am Ende mehr schadet als guttut. Wir sollten in solchen Zusammenhängen stets an den Wortbestandteil »Leiden« denken, wenn das Wort Leidenschaft fällt. »Geistesheld« ist ein anderes Wort für den »Weisen« oder »Erleuchteten«. Das richtige Maß im Zusammenhang mit Gefühlen oder ihrer Äußerung zielt stets auf einen Gemütszustand der Ausgeglichenheit, Gelassenheit, Unerschütterlichkeit; statt dem lauten Jubel auf die stille, tiefe, nachhaltige Freude und Erfüllung.

Dem Gewinn ein Maß zu setzen tut not!

Wenn wir an die Auswüchse der globalen Marktwirt-
schaft unserer Zeit mit ihrem grenzenlosen Wachstums-
ideal denken, möchte man uns allen und den Verantwort-
lichen nichts näher ans Herz legen als dieses alte Wort
des griechischen Dichters *Pindar*. Im Zusammenhang
lautet die Stelle:

> *Dennoch ersehnen wir*
> *Manches Werk*
> *Und geben uns selbstvertrauenden*
> *Planungen hin.*
> *Denn unsre Glieder*
> *Liegen in Banden*
> *Verwegener Hoffnung,*
> *Und fern sind die Quellen*
> *Klugen Bedenkens.*
> *Dem Gewinn ein Maß*
> *Zu setzen tut not;*
> *Doch heftiger stachelt*
> *Die Torheit uns,*
> *das Unerreichbare*
> *sehnend zu wünschen.*[146]

Darum meidet der Weise das Zusehr, das Zuviel, das Zugroß.

Im Tao Te King (Daodejing) des *Laotse* lesen wir:

> *Die Welt erobern und behandeln wollen,*
> *ich habe erlebt, dass das misslingt.*
> *Die Welt ist ein geistiges Ding,*
> *das man nicht behandeln (machen) darf.*
> *Wer sie behandelt (macht), verdirbt sie,*
> *wer sie festhalten will, verliert sie …*
> *Darum meidet der Berufene*
> *das Zusehr, das Zuviel, das Zugroß.*[147]

Der erste Teil des Zitats beschreibt einen der wesentlichen Leitgedanken dieser Richtung der altchinesischen Philosophie, das sogenannte »wuwei« (Nichthandeln). Der Mensch soll sich in die Bewegung des natürlichen Geschehens (Yin und Yang) harmonisch einfügen und nicht in einer Weise in diesen Lauf eingreifen, der den gesetzmäßigen Rhythmus und Fluss des Lebendigen zerstört oder nachhaltig gefährdet. Zu einer solchen Störung aber kommt es im Kleinen wie im Großen bei allem Zusehr, Zuviel oder Zugroß. Mag dadurch die Welt nicht gleich aus den Fugen geraten, so verlässt doch der Einzelne durch das Übermaß den »rechten Weg« (Dao, Tao) und wird die dadurch in ihm entstehende Unausgeglichenheit über kurz oder lang auch zu spüren bekommen.

SEELENRUHE

Der innere Friede

**Der Weise ist ruhig und gelassen,
die anderen sind immer in Sorgen und Aufregung.**

Wörtlich heißt es in den »Gesprächen« des *Konfuzius:
Der Weise ist ausgeglichen und innerlich ruhig; der Gemeine
hingegen ist innerlich verkrampft und lebt stets in Nöten und
Ängsten.*«[148]

Der »Gemeine« ist ein älteres Wort für »gewöhnlicher
Mensch«. Eines der immer wieder genannten Hauptziele weiser Lebensführung in der Antike in West und Ost
war es, innere Ruhe und harmonische Ausgeglichenheit
zu erreichen, die Abwesenheit von Sorgen und Ängsten,
häufig »Seelenruhe« oder »Seelenfriede« genannt. Viele
sahen darin das höchste menschenmögliche Glück. Die
Unterscheidung, die Konfuzius hier trifft, ist heute so
gültig wie damals.

Das höchste Glück des menschlichen Lebens liegt in der Seelenruhe.

So können wir folgende Worte des griechischen Philosophen *Epikur* zusammenfassen: *Eine unverwirrte Betrachtung dieser Dinge weiß jedes Wählen und Meiden zurückzuführen auf die Gesundheit des Leibes und die Beruhigtheit der Seele; denn dies ist die Erfüllung des seligen Lebens. Um dessentwillen tun wir nämlich alles: damit wir weder Schmerz noch Verwirrung empfinden. Sobald einmal dies an uns geschieht, legt sich der ganze Sturm der Seele. Das Leben braucht sich dann nicht mehr aufzumachen nach etwas, was ihm noch fehlt, und nach etwas anderem zu suchen, durch das das Wohlbefinden von Seele und Leib erfüllt würde. Dann nämlich bedürfen wir der Lust, wenn uns die Abwesenheit der Lust schmerzt. Wenn uns aber nichts schmerzt, bedürfen wir der Lust nicht mehr. Darum nennen wir auch die Lust Anfang und Ende des seligen Lebens.*[149]

Hier kommt Epikurs herausragender Beitrag zur Weisheitslehre zum Ausdruck: sein Versuch, Lust und Seelenruhe zusammenzubringen. Bis Epikur war man eher der Auffassung, dass Lust und Seelenruhe sich gegenseitig ausschließen.

Innere Ruhe ist die beste Medizin
gegen alle Krankheiten.

Das ist der Sinn des folgenden Ausspruchs von *Seneca* aus seinen Briefen an Lucilius: *Ich will dir sagen ... dass eben das, was mir zur inneren Ruhe verhalf, auch wie eine Arznei auf meine (äußere) Krankheit wirkte ... und was das Gemüt aufrichtet, das kommt auch dem Körper zugute.*[150]

Dass »Seelenruhe« auch körperliche Leiden zu heilen vermag oder zumindest den Heilungsprozess positiv beeinflussen kann, hat die moderne Wissenschaft und Medizin vielfach nachgewiesen. Daher werden u. a. auch in der westlichen Medizin bei bestimmten Krankheitssymptomen zunehmend Meditationstechniken eingesetzt. Das ist ein Beispiel von vielen dafür, wie neuzeitliche Forschung den wissenschaftlichen Beweis für die positive Wirkung antiker Lebensweisheiten liefert, ohne dass dieser Zusammenhang stets bewusst wird.

Ist ein Tempel ohne Ruhe,
werden seine Götter ihn verlassen. [151]

Der Ausspruch stammt aus dem ägyptischen *Papyrus Insinger*. In einem treffenden Bild wird das Ziel einer weisen Lebensführung umschrieben: dass wir in unserem Seelenleben zur Ruhe kommen, damit uns nicht »die Götter verlassen«. Die »Götter« stehen für alles, was wir durch Seelenruhe erlangen: innere Harmonie, Ausgeglichenheit, der »gute Fluss des Lebens«, Sorgenfreiheit, Authentizität, nachhaltige Freude, Glück.

Der Weise lacht in voller Seelenruhe und Heiterkeit über die Geschäftigkeit der Reichen.

Seneca schrieb an seinen Freund Lucilius: *Der Weise aber richtet sich nach der Natur ... und wird in voller Seelenruhe und Heiterkeit lachen über die Geschäftigkeit der Reichen und über das Hasten und Hetzen derer, die zu Reichtum gelangen wollen, und wird sagen: »Wozu die Zeitverschwendung, die du mit dir selbst treibst? Wozu wartest du ... auf den Gewinn aus einem Handelsgeschäft ...?« Du kannst ja auf der Stelle reich werden. Die Weisheit (mit ihren Schätzen) ist sofort auf dem Plan: Wem sie seine (materiellen) Schätze entbehrlich gemacht hat, dem hat sie ihre (geistig-seelischen) Schätze gegeben.*[152]

Seelenruhe, innere Harmonie und Ausgeglichenheit, nachhaltige Zufriedenheit und Glück sind schwer zu erringen, wenn das Leben nur aus Geschäften, aus »Hasten und Hetzen« besteht. Hat sich daran etwas geändert?

Nur wer haltzumachen versteht, findet Seelenruhe.

Das ist der Sinn folgender Stelle aus dem Kapitel »Das große Lernen« in dem *Buch der Riten, Sitten und Gebräuche: Erst wenn man weiß, wo haltzumachen ist, gewinnt man Zielbestimmtheit; erst wenn man Zielbestimmtheit besitzt, vermag man Besonnenheit zu finden, erst wenn man Besonnenheit besitzt, vermag man Ruhe zu finden; erst wer Ruhe gefunden hat, vermag klar zu denken; erst wer klar zu denken vermag, kann sein Ziel erreichen.*[153]

Ich kann diese Stelle kaum besser erläutern als mit den Worten Pindars, die im Kapitel »Maßhalten« bereits zitiert worden sind: *Dem Glück ein Maß zu setzen tut not.* Nur wer seinem Glück ein Maß setzen kann, gelangt an sein Ziel und wird innerlich ruhig und gelassen. Die anderen bleiben Getriebene. Die Stelle aus dem Buch der Riten macht den Zusammenhang von Zielbewusstsein und Zielgerichtetheit (was einem wirklich wichtig ist), Mäßigkeit und Selbstbeschränkung (Besonnenheit), innere Klarheit und Seelenruhe deutlich. Dies ist eine von vielen herausragenden Stellen in diesem Buch, das wohl das wertvollste Vermächtnis des Konfuzius darstellt, denn er dürfte für die maßgeblichen Inhalte dieses Buches verantwortlich sein. Leider ist es im Westen wenig bekannt.

Durch Ruhe ruhig,
wandelt man glückselig.

In den indischen *Upanishaden* heißt es:

Durch die Bezähmung (Selbstbeherrschung) bezähmt,
schüttelt man ab die Sünde (Fehler) …
die Bezähmung der Wesen ist schwer zu überwältigen,
in der Bezähmung beruht das All …
Durch Ruhe ruhig, wandelt man glückselig,
Durch Ruhe fanden Munis (vollkommene Weise)
auf (in) den Himmel,
die Ruhe der Wesen ist schwer zu überwältigen,
in der Ruhe ruht das All. [154]

Wer in sich unerschütterliche Ruhe hergestellt hat, dessen Seele wird still, fest, friedlich, unangreifbar. Für den Autor oder die Autorin dieser Stelle (unter den unbekannten Autoren der Upanishaden sollen auch Frauen gewesen sein) bedeutet eine solche Seelenruhe Glückseligkeit.

NATUR

Was uns umgibt, nährt, durchströmt
und erfüllt

In Wahrheit handelt in der Welt nur die Natur.

Das scheint die Auffassung des Autors folgender Verse aus der altindischen *Bhagavadgita* zu sein:

> *In Wahrheit handeln in der Welt*
> *Allein die Gunas der Natur,*
> *Verblendet durch sein Selbstgefühl,*
> *Der Tor glaubt selbst zu handeln nur.*[155]

Nach einer bedeutenden Richtung in der antiken indischen Philosophie geschieht in der sichtbaren, materiellen Welt alles durch die Natur. Diese werde gebildet durch drei grundlegende Elemente oder Eigenschaften, die drei »Gunas«. Die Gunas sind das Lichte, Freudige, die sogenannte »Wesenheit« oder »Güte« (sattva), die aktive, erregende »Leidenschaft« (radschas) und die betäubende, hemmende »Dunkelheit« (tamas). Vor der Weltentstehung befanden sich diese Eigenschaften in einem Zustand des Gleichgewichts. Danach aber trennten und vermischten sie sich ständig, wodurch alles weltliche Geschehen einschließlich unserer Handlungen hervorgebracht wird.[156] Diese metaphysische Anschauung erinnert von ferne an eine verbreitete Auffassung in der modernen Philosophie, Psychologie und Neurobiologie, wonach unsere Handlungen viel weniger von der Vernunft gesteuert werden, als wir bisher gedacht haben, sondern von unbewussten Verhaltensmustern und Emotionen.

Man soll der Natur nicht Gewalt antun.

Das sagt der griechische Philosoph *Epikur* und fährt fort: *... sondern sie überreden. Wir werden die notwendigen Begierden überreden, indem wir sie erfüllen, die bloß natürlichen, indem wir sie gewähren lassen, vorausgesetzt dass sie nicht schaden, die schädlichen aber, indem wir sie scharf anfahren.*[157]

Statt »Natur« können wir auch übersetzen »Naturanlage«.[158] Epikurs Unterteilung der Begierden in notwendige, natürliche und schädliche erlangte in der Folgezeit Berühmtheit. Sie ist auch heute noch nützlich. Es ist wichtig zu verstehen, dass Epikurs »Philosophie der Lust«, die schon in der Antike heftig umstritten war, von der Natur des Menschen, wie Epikur sie verstand, ihren Ausgang nimmt und diese Natur stets zu wahren sucht. Uns sagt diese Philosophie: Achte, respektiere, nähre und verteidige deine Natur! Verletze sie nicht! Die meisten unserer Krankheiten verursachen wir selbst durch unser Verhalten, indem wir unsere Natur missachten.

Achte auf das Verborgene in der Natur.

So könnte folgende Stelle aus dem ägyptischen *Papyrus Insinger* zusammengefasst werden: *Wer sagt: »Es ist nicht« (»Das gibt es nicht«), möge auf das Verborgene achten. Wieso gehen Sonne und Mond am Himmel? Wohin gehen Wasser und Feuer und Wind? Wem werden Talismane und Knoten zu einem Heilmittel? Gott macht sein verborgenes Werk täglich auf Erden bekannt, er lässt Licht und Finsternis werden, in dem jedes Geschöpf sicher ist. Er lässt die Erde Millionen gebären, verschlingen und wieder gebären. Er lässt Tag, Monat, Jahr werden nach den Befehlen des Herrn der Befehle. Er lässt Sommer und Winter werden durch den Anfang und Untergang des Sirius.*[159]

Für »Gott« können wir – wie häufig in der Antike – auch »Natur« sagen. Wir müssen hinter die Dinge schauen, auf das, was nicht sichtbar ist, sich aber im Sichtbaren äußert. Das gilt vor allem auch für uns selbst: Was steckt hinter meinen Verhaltensweisen, Gefühlen und Denkgewohnheiten? Wer bin ich? Was hat mich geprägt? Was ist der Kern meiner Persönlichkeit, die »Natur« meines Charakters? Was sind meine eigentlichen Bedürfnisse?

Wenn du bist wie ein Kind,
dann bist du deiner Natur nahe.

Im alten China findet sich der Gedanke, dass die Art, wie Kinder sind, einer natürlichen Seinsweise sehr nahekommt. Deshalb wurde es als ein Ideal angesehen, in gewisser Hinsicht so zu sein wie ein Kind. Dessen unverstellte und unverbildete Natürlichkeit war es, die die chinesischen Weisen für erstrebenswert hielten. Kinder leben ganz im Hier und Jetzt; Zukunft und Vergangenheit scheinen sie nicht zu kennen. Ihre Aufmerksamkeit ist ungeteilt auf den gegenwärtigen Augenblick gerichtet. Bei dem chinesischen Philosophen *Zhuangzi* heißt es: *Wahrlich, ich sage dir, kannst du sein wie ein Kind? Ein Kind bewegt sich und weiß nicht, was es tut, es geht und weiß nicht, wohin … Wenn man also ist, so naht uns weder Leid noch Glück. Wenn man frei ist von Leid und Glück, dann ist man dem Menschenelend entronnen.*[160]

»Glück« meint hier nicht das Glück, wie wir es üblicherweise verstehen, denn es wird als ein Teil des »Menschenelends« angesehen. Vielleicht meint es in diesem Textzusammenhang die momenthafte Befriedigung einer Begierde, die mit Leiden bezahlt werden muss, im Gegensatz zu dem Gefühl nachhaltiger Zufriedenheit und Erfüllung.

Glück stellt sich ein, wenn die natürlichen Kräfte von Körper und Geist harmonisch zusammenstimmen.

Das in etwa dürfte gemeint sein, wenn der griechische Philosoph *Platon* seinen Lehrer Sokrates sagen lässt: *Ich behaupte also, dass, wenn die Harmonie in den lebendigen Wesen sich auflöst, mit diesem Zeitpunkt eine Auflösung des naturgemäßen Zustandes und der Beginn von Schmerzen sich einstellt ... Fügt sie sich aber wieder zusammen und kehrt sie wieder in ihren naturgemäßen Zustand zurück, dann entsteht, wie wir behaupten müssen, Lust.*[161]

Wir können uns das vielleicht so vorstellen: Wenn die inneren Organe gesund sind, tun sie, was ihre Aufgabe ist. Sie arbeiten funktional zusammen, so dass der Körper lebt, wie die Natur es vorgesehen hat. Gleiches gilt für die geistigen Kräfte wie Begierden, Ängste, intellektuelle und kreative Fähigkeiten, Hoffnungen, Vorstellungen usw. Wirken diese harmonisch zusammen, behindern und bekämpfen sie sich nicht, werden sie nicht unterdrückt oder übermäßig auf Kosten anderer Bedürfnisse ausgelebt, so befindet sich der Mensch in seinem natürlichen Zustand, »ruht in seiner Mitte«, ist ganz bei sich und fühlt sich gut, »verwirklicht sich«. Das meinten die Alten, wenn sie den Menschen aufforderten, »naturgemäß« zu leben.

Darum wurzelt der Weg des Weisen in seiner eigenen Persönlichkeit.

Das Zitat findet sich in dem chinesischen *Buch der Riten, Sitten und Gebräuche.* Weiter heißt es: *Er fügt ihn ein in (den Naturverlauf von) Himmel und Erde und findet keinen Anstoß.*[162]

Der eigenen Natur folgen bedeutet für die alten Chinesen zugleich, sich in den allgemeinen Naturverlauf einzufügen. Das antike Weisheitsdenken in West und Ost ging von einer Wesensverwandtschaft der allgemeinen und der individuellen Natur aus. Die »individuelle Natur« umfasst die persönlichen Veranlagungen. Diese Doppelbedeutung des Wortes »Natur« ist stets mitzudenken, wenn von einem »naturgemäßen Leben« die Rede ist. Deshalb sollten wir gleichermaßen achtgeben auf uns selbst wie auf die uns umgebende Natur, ihre Gemeinsamkeiten und ihre Wechselwirkungen. Sich selbst »verwirklichen«, seiner eigenen »Bestimmung« zu folgen ist daher bis zu einem gewissen Grade identisch mit der Forderung, »naturgemäß« zu leben. Darauf spielt das Zitat an.

***Wer sich über etwas ärgert, was geschieht,
der hat die Natur noch nicht begriffen.***

Dies dürfte der Sinn eines Zitats des Philosophenkaisers *Marc Aurel* sein, das lautet: *Denn sich über irgendetwas ärgern, was geschieht, ist ein Abfall von der Natur, in deren Bereich die Naturen aller anderen Wesen enthalten sind.*[163]

So provokant diese Aussage ist, so bedeutend ist der Gedanke, der dahintersteht. Marc Aurel war Stoiker. Für die Stoiker war es wichtig, das Glück des Einzelnen so weit wie möglich von äußeren Einflüssen und Gegebenheiten unabhängig zu machen. Sie entwickelten eine Philosophie, nach der das Glück ausschließlich von Dingen abhängen soll, die der Einzelne beherrschen kann, wie etwa seine Vorsätze, Vorstellungen und Gedanken. Alles andere kann er allenfalls versuchen zu beeinflussen. Er muss aber das, was geschieht und was er nicht ändern kann, am Ende so hinnehmen, wie es kommt. Sich aufzuregen oder zu ärgern über etwas, dessen Ausgang wir nicht in der Hand haben, war für die Stoiker ein zweckloses Unterfangen. Dies war ein wichtiger Gedanke im Weisheitsdenken der Antike, den wir ebenso, wenn nicht noch stärker, im alten Indien und China antreffen.

ANGST

Der Feind der Seelenruhe

Vor anderen Leuten sei unerschrocken!

In der altägyptischen *Lehre des Amenemope* (etwa 1100 v. Chr.) lesen wir: *Scheide nicht dein Herz von deiner Zunge; dann geschieht es, dass alle deine Verhältnisse glücklich werden; sei unerschrocken vor anderen Leuten …* [164]

Der erste Teil des Zitats betrifft die Aufrichtigkeit. Wir sollen sagen, was wir fühlen und denken, was wir »auf dem Herzen haben«. Das wird uns glücklich machen. Im Anschluss daran empfiehlt der Autor, dass wir anderen Menschen angstfrei und aufgeschlossen begegnen sollen. Die Nähe beider Gedanken deutet auf ihre innere Verwandtschaft: Wir überwinden die Angst, wenn wir authentisch (aufrichtig) bleiben und unsere Authentizität wichtiger nehmen als etwa äußerlichen Erfolg oder die Meinung der anderen. Indem wir uns darin üben, unerschrocken für unser Denken und Fühlen einzustehen, wächst das Selbstvertrauen, das die Angst überwindet.

Die Beschäftigung mit der Philosophie nimmt dem Menschen die Angst vor dem Tod.

Das war die Auffassung des griechischen Philosophen und Stoikers *Poseidonios*. Mit folgenden Worten ruft er die Philosophie an: *Philosophie, du Führerin des Lebens ... Welcher Mittel sollten wir uns daher eher bedienen als der deinigen, die du uns die Ruhe des Lebens geschenkt und den Schrecken des Todes von uns genommen hast?*[165]

Die Philosophie beschäftigte sich in der Antike vorwiegend mit Fragen des seelischen Wohlbefindens und wesentlich weniger mit Fragen der Erkenntnismöglichkeit, der Sprache, des Seins, die in der Folgezeit in den Vordergrund traten. Sie war vor allem praktische Philosophie und fühlte sich mit ihren Fragen stets der Aufgabe verbunden, das »gute Leben« zu bestimmen. Sie lehrte die Erziehung, Bildung und Leitung der Seelenkräfte des Menschen mit dem Ziel der Seelenruhe, der inneren Ausgeglichenheit, des Glücks. Als ein Haupthindernis für diesen »Frieden der Seele« aber galt jede Form von Angst und Furcht. Nach verbreiteter Auffassung wurzeln diese in der Angst vor dem Tod (»Schrecken des Todes«). Die Philosophie, davon war nicht nur Poseidonios überzeugt, kann uns maßgeblich dabei helfen, diese Angst vor dem Tod zu überwinden.

Richtige Erkenntnis vertreibt
die quälende Angst.

Der indische Philosoph *Shankara* sagt: *Richtige Unterscheidung lässt uns das wahre Wesen eines Seins erkennen und vertreibt die quälende Angst, die unsere irrtümliche Annahme, es sei eine Schlange, hervorruft.*[166]

Shankara bezieht sich hier auf ein in der indischen Philosophie bekanntes Bild von der Mangelhaftigkeit sinnlicher Wahrnehmung: Ein Mensch hält ein zusammengerolltes Seil für eine Schlange und fürchtet sich davor. So lassen wir uns täuschen durch das, was wir wahrnehmen und wie wir diese Wahrnehmung verstehen und bewerten. Dabei unterliegen wir häufig einem trügerischen Schein (»Maya«). Erkennen wir aber das eigentliche Sein hinter den Erscheinungen, machen wir uns die richtigen Vorstellungen, bewerten wir die Dinge angemessen und mit Lebensweisheit, dann überwinden wir unsere Angst. Sie beruht häufig nur auf falschen Vorstellungen davon, was wirklich zu fürchten ist und was nicht. Ein einfaches Beispiel: Wenn Besitz oder Macht für uns alles sind, fürchten wir jede Einbuße. Halten wir aber unsere Authentizität, innere Unabhängigkeit und Lebendigkeit für wichtiger, werden wir einen drohenden Verlust von Besitz oder Macht nicht fürchten und, tritt er ein, gelassen hinnehmen.

Wenn der Tod seinen Schrecken verloren hat, vermag nichts mehr zu ängstigen.

Das ist der Sinn des folgenden Ausspruchs des chinesischen Philosophen *Shenzi: Als ich noch nicht geboren war, was wusste ich da von den Freuden des Lebens? Heute – da ich noch nicht tot bin, was weiß ich davon, ob es im Tod nicht auch Freuden gibt? Vermag mich also das Leben nicht mehr zu knechten, warum sollte dann die Aussicht auf Gewinn mein Herz noch bewegen! Vermag mich der Tod nicht mehr zu schrecken, was sollte mich dann Verlust noch ängstigen!*[167]

Schon Sokrates versuchte kurz vor seinem Tod, die trauernden Freunde damit zu trösten, dass sie doch nicht wissen könnten, ob nicht nach dem Tod eine viel bessere Zeit beginne. Dem entspricht der Gedanke des Shenzi. Weil er nicht weiß, ob nach seinem Tod nicht viele Freuden auf ihn warten, hängt er nicht am Leben. Das Leben kann ihn »nicht mehr knechten« oder mit »Aussicht auf Gewinn« locken. Aufgrund dieser Überlegung hat er die Angst vor dem Tod verloren und damit alle Ängste.

Wer von Ärger, Kummer und Furcht geplagt wird, kann nichts wahrhaft genießen.

Das ist der Sinn folgender Passage des chinesischen Philosophen *Xunzi: Wer aber von Ärgernissen und Kummer und dazu auch noch von Furcht geplagt wird, der mag sich den Mund mit Leckerbissen von bestem Schaf- und Schweinefleisch vollstopfen, er merkt doch nicht den feinen Geschmack. Und spielt man ihm auch mit Glocken und Trommeln die schönste Musik vor, so merkt er doch nicht den Wohlklang. Auch merkt er nichts von der Schönheit der Muster, wenn sein Blick auf feinbestickte Gewänder fällt. Und ruht er warm gekleidet auf weichem Pfühl, empfindet er doch kein wohliges Behagen dabei. Was erwarten die Menschen dieser Art von ihrer Suche nach dem Reiz der Dinge? ... Denn solcherart Tun hieße wohl: sich selbst zum Sklaven der Dinge machen. Ein Mensch mit ruhigem Herzen und heiterem Gemüt hingegen mag Dinge sehen, die nicht einmal an das Gewöhnliche heranreichen, und doch sein Auge daran weiden ... Grober Reis mit ein bisschen Gemüse und ein dünnes Süppchen ohne Fleisch munden und bekommen ihm wohl ... Solcherart tun hieße aber mit Recht: seine Würde wahren und die Dinge zu Sklaven machen.*[168]

Der Weise kennt keine Angst
vor der Armut.

In dem *Buch der Riten, Sitten und Gebräuche* heißt es: *Der Weise kennt keine Angst vor der Armut, keine Abneigung vor der Niedrigkeit, keine Furcht vor dem Unbekanntsein. In ärmlicher Kleidung, die zerrissen ist, bei dürftiger Nahrung, die nicht sättigt, hinter einer Tür aus Reisig und leeren Fensterhöhlen freut er sich täglich unermüdlich der Güte (Mitmenschlichkeit, Menschenliebe).* [169]

Schon die Antike kannte die bis heute nicht verstummte Auseinandersetzung darüber, ob zum Glück materieller Besitz nötig sei. Die meisten Weisen des Altertums in West und Ost waren der Meinung, dies sei nicht der Fall, weil Glück und Weisheit in der Selbstgenügsamkeit und dem harmonischen Ruhen in sich selbst wurzelten. Diese »Geborgenheit im Inneren« wachse uns nicht von außen zu, sondern sei das Ergebnis einer Selbsterziehung, die ausschließlich mit dem Verhältnis zu uns selbst zu tun habe. Äußere Umstände haben, wenn überhaupt, nur einen geringen Einfluss auf diese Arbeit an sich selbst. Egal wie die Umstände sind, wir können immer das Beste daraus machen. Ein Gewinn dieser Auffassung ist die innere Freiheit und Unabhängigkeit, die wir bei dieser Arbeit erlangen, aber auch die Furchtlosigkeit, denn unsere Ängste rühren häufig daher, dass wir meinen, ohne ein gewisses Maß an materiellem Besitz nicht glücklich sein zu können.

**Wer seine äußeren Verhältnisse für ein Glück hält,
der wird die Angst nicht los.**

Das war die Auffassung des römischen Gelehrten und Philosophen *Boethius,* mit dessen Schrift *Trost der Philosophie* man gewöhnlich die antike abendländische Philosophie enden lässt. Seine etwas formallogische Begründung lautet: *Ferner, wer sich von äußeren glücklichen Verhältnissen dahintragen (verführen) lässt, der kennt entweder ihre Veränderlichkeit oder er kennt sie nicht. Wenn er sie nicht kennt, wie kann man bei solch blinder Unwissenheit sein Los glücklich nennen? Kennt er sie aber, so muss er das zu verlieren fürchten, was er nach seiner eigenen Überzeugung einmal verlieren kann. Darum lässt ihn die fortgesetzte Angst nicht glücklich werden.*[170]

Nicht in günstigen »äußeren Verhältnissen« als solchen wie Besitz, Beruf, sozialer Stellung, Familienverhältnisse usw. sieht Boethius die Wurzel der Angst, sondern in dem Verhaftetsein an sie: wer sich von ihnen »dahintragen lässt« (lat. vehit = führen, ziehen, sich tragen lassen). Viele Weise des Altertums empfahlen daher, sich immer wieder die Vergänglichkeit des äußeren Glücks bewusst zu machen.

GESUNDHEIT

Ohne sie ist alles nichts

Weisheit ist die beste Vorsorge gegen körperliche Erkrankungen.

Das ist der Sinn folgender Worte bei *Platon: Meiner Ansicht nach nämlich steht es nicht so, dass ein tüchtiger Leib durch diese seine Tüchtigkeit auch die Seele gut macht, sondern umgekehrt, dass eine weise Seele durch ihre Tüchtigkeit dem Leibe die denkbar beste Ausbildung gibt.*[171]

In Anlehnung an den alten lateinischen Spruch »mens sana in corpore sano« (»gesunder Geist in einem gesunden Körper«) ist heutzutage die Ansicht verbreitet, dass eine gesunde Seele einen gesunden Körper voraussetzt.[172] Antike Weisheitslehre in West und Ost sah aber auch das umgekehrte Verhältnis. Daran dachte Platon in dem wiedergegebenen Zitat. In der Auffassung, dass ein weiser Geist und ein harmonisches Seelenleben einen positiven Einfluss auf die körperliche Gesundheit haben, finden wir die Wurzeln der psychosomatischen Medizin.

Die Krankheit kommt von den Sorgen des Geistes und von zerstreuenden Beschäftigungen.

Auf die Frage, woher die Krankheit komme, antwortet ein Arzt bei dem chinesischen Philosophen *Liezi: Wärme und Kälte stehen nicht im Einklang. Geist und Leib haben nicht das rechte Verhältnis. Die Krankheit kommt von Hunger und Sättigung, Genuss und Begierde, Sorgen des Geistes und zerstreuenden Beschäftigungen. Sie kommt nicht vom Himmel und nicht von Geistern.*[173]

Nach Auffassung der alten Chinesen haben die körperlichen Krankheiten auch im Psychischen ihre Ursachen. Wem es gelingt, seine Seelenkräfte in Harmonie zu bringen und auf diese Weise seine Sorgen zu vermindern, der wird sich dadurch vor Krankheiten schützen. Dazu muss er sich immer wieder auf sich selbst besinnen und sich sammeln. Er darf sich nicht dauerhaft in Zerstreuungen verlieren.

Wer es nicht versteht, immer wieder zu sich selbst zurückzukehren und sich zu sammeln, wird krank.

Das ist der Sinn des folgenden Yoga-Sutra des *Patañjali*: *Leiden, Gemütsstörung [Depression wegen der Nichterfüllung von Wünschen], Körperschwäche, unnatürliches Ein- und Ausatmen sind die Begleiterscheinungen eines zerstreuten Geistes.*[174]

Mit »zerstreutem Geist« ist eine Lebensweise gemeint, bei der es keine Zeiten der Sammlung und Selbstbesinnung gibt. Phasen seelischer Störungen durchlebe jeder, kommentiert der indische Gelehrte Vivekananda diese Stelle, aber wer sich regelmäßig sammle, werde sie überwinden.

Wenn das Herz um seinen Besitzer zu sehr besorgt ist, dann schafft es ihm Krankheit.

Der Ausspruch stammt aus dem ägyptischen *Papyrus Insinger*. Im Zusammenhang lautet er:

> *Lass die Sorge nicht überhandnehmen,*
> *damit du nicht verstört wirst.*
> *Wenn das Herz um seinen Besitzer (zu sehr) besorgt ist,*
> *dann schafft es ihm Krankheit.*
> *Wenn (zu große) Sorge aufkommt,*
> *sucht das Herz selbst seinen Tod.*
> *Gott ist es, der dem Weisen Geduld verleiht im Unglück.*
> *Der Gottlose, der Gott vergessen hat,*
> *stirbt an Herzenstrübsal.*
> *Eine kurze Zeit des Unglücks ist im Herzen*
> *des Ungeduldigen wie eine lange Zeit.*[175]

Das Herz war bei den alten Ägyptern sowohl Sitz der Gedanken und der vernünftigen Überlegung wie der Emotionen. Das Zitat legt nahe, dass schon die alten Ägypter ein ausgeprägtes Bewusstsein von psychosomatischen Zusammenhängen hatten. Weil die »Sorge« für die Antike in Ost und West einer der größten Feinde der körperlich-seelischen Gesundheit war, zielen viele Weisheiten auf eine Lebensführung, die Sorgen vermeidet oder doch verringert. Interessant ist auch die abschließende Behauptung, dass Duldsamkeit ein Unglück verkleinert bzw. verkürzt.

Wälder und Berge haben einen heilsamen Einfluss auf den Menschen.

Dazu folgende Stelle bei dem chinesischen Philosophen *Zhuangzi*, die erst im Zusammenhang gelesen ihren Reichtum an tiefen Gedanken offenbart: *Ist das Auge frei, so sieht es klar; ist das Ohr frei, so hört es scharf; ist die Nase frei, so riecht sie fein; ist der Mund frei, so schmeckt er deutlich; ist die Seele frei, so erlangt sie Erkenntnis; ist die Erkenntnis frei, so erreicht sie das Leben. Alle diese Zugänge darf man nicht verstopfen ... Seine [des Menschen] Seele hat ein natürliches Vermögen, sich zu ergehen [auszudehnen]. Ist das Haus nicht geräumig, so kommen Frau und Schwiegermutter hintereinander. Vermag die Seele sich nicht auszudehnen, so kommen die Sinneswahrnehmungen untereinander in Streit. Der heilsame Einfluss, den Wälder und Berge auf die Menschen ausüben, kommt größtenteils davon, dass sie für den Geist unerschöpflich sind.*[176]

Es ist die körperliche und geistige Freiheit, die für Zhuangzi eine der Ursachen für die Gesundheit und das Wohlergehen des Menschen darstellt.

Es ist die Bewegung,
die Körper und Geist gesund erhält.

Das ist der Sinn des folgenden Ausspruchs des chinesischen Politikers, Kaufmanns und Philosophen *Lü Buwei:*

> *Fließendes Wasser fault nicht.*
> *Türangeln werden nicht wurmstichig –*
> *denn sie bewegen sich.*
> *Gleiches gilt auch für Körper und Geist.* [177]

Mit der »Bewegung des Geistes« dürfte gemeint sein, dass das Denken offen bleibt und sich nicht abschließt, dass es immer bereit sein sollte, etwas Neues zu lernen und das Gelernte im Leben auch umzusetzen. Eine lebendige Persönlichkeit entwickelt sich ständig und folgt in ihrer Lebensführung – unter Wahrung ihrer Individualität – dem Wandel der Zeit. Das hält sie gesund.

Jede Krankheit ist traurig;
aber der Weise versteht es, krank zu sein. [178]

Der Satz stammt aus der ägyptischen Spruchsammlung des *Anch-Scheschonki* (Entstehungszeit unbekannt, vielleicht 4. Jh. v. Chr.). Weisheit ist Lebenskunst, die Fähigkeit, mit Glück und Unglück so umzugehen, dass sich die Seele nachhaltig in einem guten, d. h. wohltuenden Zustand hält. Auch und vor allem in der Not, etwa während einer Krankheit, bewährt sich Weisheit. Wir bewundern Menschen, die auch im Krankheitsfall nicht den Lebensmut verlieren und die durch Tapferkeit, Selbstbeherrschung und Duldsamkeit zeigen, dass sie in sich eine noch stärkere Kraft besitzen. Das ist gemeint, wenn es in dem Zitat heißt, dass der Weise es versteht, krank zu sein.

GEWOHNHEIT

Der Schlüssel zu Glück und Zufriedenheit

Der Charakter bildet sich aus Gewohnheiten.
Die Gewohnheiten bilden wir.

Das ist der Sinn folgender Stelle bei *Aristoteles: Indem aber der Charakter [griech. ēthos mit langem »e«], wie auch der Name anzeigt, etwas ist, was sich von der Gewöhnung [griech. ĕthos mit kurzem »e«] her ausbildet, der Gewöhnungsprozess aber vor sich geht durch eine Führung, die keine angeborene ist, vermittels häufigen, in bestimmter Art erfolgenden Bewegtwerdens, ist er (der Gewöhnungsprozess) auf diese Weise letzten Endes das aktivierende Element ... Daher soll gelten: Der Charakter ist eine Beschaffenheit des irrationalen Seelenelementes, das in der Lage ist, nach Maßgabe des befehlenden Rationalen dem Rationalen zu folgen.*[179]

Das hört sich kompliziert an, enthält aber für die eigene Lebensführung eine fundamentale Erkenntnis: Wir selbst formen unseren Charakter (Persönlichkeit) durch die Gewohnheiten, die wir annehmen, aufgeben oder ändern. Die Stelle ist auch für die moderne Psychologie von grundlegender Bedeutung: Was wir sind und wie wir handeln, ist zum großen Teil irrational. »Wir sind nicht Herr im eigenen Hause« (Freud). Aber die Gehirnforschung und die kognitive Verhaltenstherapie haben gezeigt, dass wir das Irrationale in uns, die synaptischen Verbindungen unserer Denk- und Verhaltensmuster, durch Einübung verändern können. Das ist es, was Aristoteles mit seinem letzten Satz sagen will.

Der Weise meidet nachlässige und verkehrte Gewohnheiten.

So lässt sich folgende Stelle aus dem chinesischen *Buch der Riten, Sitten und Gebräuche* zusammenfassen: *Darum wendet der Weise sich zurück zu den ursprünglichen Gefühlen, um seinen Willen zu harmonisieren ... Nachlässigen und verkehrten Gewohnheiten erlaubt er nicht, von seinem Leib Besitz zu ergreifen. Er macht, dass Ohr und Auge, Nase und Mund, Sinn und Erkennen und alle Glieder sich dem Rechten fügen, um seine Pflicht zu tun.*[180]

»Den Willen harmonisieren« meint, sich mit sich selbst in Übereinstimmung bringen, modern ausgedrückt: »authentisch« werden. »Seine Pflicht zu tun« meint, seiner Bestimmung zu folgen und das zu verwirklichen, was man ist.

**Damit du eine Weisheit jederzeit
zur Hand hast, mache sie dir durch tägliche Übung
zur Gewohnheit.**

Das ist der Sinn folgenden Ausspruchs des Philosophen
Demetrios aus Korinth, den Seneca zitiert: *Das (Tugend,
Weisheit) ist es, sagt mein Freund Demetrios, was der Fort-
schreitende mit beiden Händen festhalten muss, was er nie
loslassen darf, was er vielmehr an sich heften und Teil seiner
selbst machen sollte. Durch tägliche Einübung muss er so
weit kommen, dass heilsame Grundsätze sich ihm von selbst
darbieten, dass sie ihm jederzeit und sofort zur Hand sind
und dass die grundlegende Unterscheidung zwischen Gut
und Böse sich sofort einstellt.*[181]

Seneca beschreibt den Demetrios als *»einen Mann von
vollkommener Weisheit, obwohl er selber das bestreitet, von
konsequenter Beharrlichkeit in allem, was er sich vorgenom-
men hat«.*[182]

*Von der Natur stehen die Menschen
einander nahe, durch Gewohnheit entfernen
sie sich voneinander.* [183]

Der Ausspruch stammt von *Konfuzius*. Bei der Geburt
wird den Menschen eine Beschaffenheit und Veranlagung mitgegeben, die man als ihre erste Natur bezeichnen kann. Durch übende Lebenspraxis, die sich zu Gewohnheiten verdichtet, schaffen sie sich selbst eine
»zweite Natur«, wie Aristoteles sagt. Für eine weise Lebensführung ist dies von ausschlaggebender Bedeutung.
Denn die Gewohnheit wird so zu dem Mittel, wodurch
wir unseren Charakter und unser Leben bilden und gestalten. Jede Persönlichkeitsveränderung, zum Guten
wie zum Schlechten, hat etwas mit einer Veränderung
der Gewohnheiten zu tun. Der Weg zu einem weisen
Leben führt über die Änderung oder Aufgabe alter oder
die Schaffung neuer Gewohnheiten.

Wandel heißt Wandel in der Gewohnheit. [184]

In der Übersetzung dieses Satzes aus dem chinesischen *Buch der Riten, Sitten und Gebräuche* steht für »Gewohnheit« das Wort »Sitte«. Sitten aber sind nichts anderes als allgemeine Gewohnheiten, wobei meistens an (»gute«) Gewohnheiten für ein gelingendes Zusammenleben innerhalb einer Gesellschaft gedacht wird. Der Satz gilt gleichermaßen für die Gesellschaft wie für den Einzelnen und bestätigt die These des Aristoteles, dass jede Persönlichkeitsveränderung eine Veränderung der Gewohnheiten ist, sei es in Bezug auf das Verhalten, Denken oder Fühlen.

Durch häufige Nachahmung wird ein Verhalten zur Gewohnheit und zweiten Natur.

In *Platons* »Staat« sagt Sokrates: *Oder hast du [Adeiman-tos] nicht gemerkt, dass die Nachahmungen, wenn sie von Jugend auf ununterbrochen fortgesetzt werden, zur Gewohnheit und [andern] Natur werden, in Beziehung auf den Leib ebenso wie auf Rede- und Denkweise?*[185]

Dass wir eine Lebensweisheit intellektuell begreifen, heißt noch lange nicht, dass wir sie auch anwenden. Hinzukommen muss ein Prozess des Angewöhnens, der das Wissen in eine Verhaltens- oder Denkgewohnheit umwandelt. Dies geschieht in der Regel durch beharrliche Nachahmung. Daher sind gute Vorbilder sehr wichtig. Dieses beharrliche Nachahmen findet nicht nur bei Verhaltensweisen statt, sondern auch im Denken, Vorstellen und Bewerten. Wahrscheinlich sind die Wirkungen, die von solchen »Denkgewohnheiten« für unser Wohlbefinden ausgehen, noch wesentlich bedeutender als diejenigen, die von unseren Verhaltensgewohnheiten ausgehen. So sind wir beispielsweise gewohnt, den Tod als etwas Schlechtes anzusehen mit der Folge, dass wir in vielfältiger Weise Ängste entwickeln. Die Weisheit der Alten lehrte dagegen, dass der Tod keineswegs etwas Schlechtes ist (siehe das Kapitel »Ängste« in diesem Buch). Können wir diesen Gedanken verstehen und seine Wahrheit einsehen und verinnerlichen, dann bauen wir Ängste ab.

Erziehung erfolgt durch
Eingewöhnung.

In dem chinesischen *Buch der Riten, Sitten und Gebräuche* lesen wir: *Die Musik ist es, woran die Heiligen sich freuen, und man kann damit die Gesinnung der Menschen bessern. Sie beeinflusst die Menschen tief, sie ändert die Bräuche und wandelt die Gewohnheiten. Darum bewirkten die früheren Könige durch sie ihre Erziehung.*[186]

Damit Menschen weiser leben lernen, muss man sie so tief beeinflussen, dass sie ihre Gewohnheiten ändern. Auf diese Weise funktioniert jede Erziehung und Persönlichkeitsbildung. Konfuzius, auf den der Text oder doch seine Redaktion zurückgehen dürfte, war fest davon überzeugt, dass von der Musik eine solche tiefe Beeinflussung ausgehen kann: Sie »ändert die Bräuche und wandelt die Gewohnheiten«. Daher sei die Beschäftigung mit der Musik wichtig für die Charakterbildung.

MITGEFÜHL –
MENSCHLICHKEIT

Die Blüte der Weisheit

Wer hart von Charakter ist, geht in einen schlimmen Tod.

Der Ausspruch stammt aus dem ägyptischen *Papyrus Insinger*. Gemeint ist nicht, dass derjenige, der keine menschliche Milde zeigt, einen besonders schrecklichen Tod erleiden wird. Die Ägypter glaubten an ein Leben nach dem Tod, das ewig dauern werde und wichtiger sei als das irdische Leben. Um ein glückliches ewiges Leben zu erlangen, komme es darauf an, wie der Mensch auf Erden gelebt habe. Der Text lautet im Zusammenhang: *Lob kommt zu dem Weisen, weil er ruhig ist. Das Alter ist schön im Leben, weil es milde ist. Wer hart von Charakter ist, geht in einen schlimmen Tod.*[187]

Hier wird ein Zusammenhang hergestellt zwischen Milde (Menschlichkeit), Weisheit, Gelassenheit und Lebenserfahrung. Dass Milde und Humanität charakteristisch sind für eine weise Lebensführung, war die durchgängige Ansicht im antiken Weisheitsdenken in West und Ost. Tief empfundene Mitmenschlichkeit galt als höchste Form gelebter Weisheit.

Nach der Natur sollen unsere Hände bereit sein zur Hilfe für die, welche derselben bedürfen.

Der römische Philosoph *Seneca* gab einem Schüler folgende Formel als Pflicht gegenüber den Menschen mit auf den Weg: *Alles dies, was du siehst, was Göttliches und Menschliches in sich schließt, ist eines: Wir sind Glieder eines großen Körpers. Die Natur hat uns als Verwandte geschaffen, indem sie uns aus den nämlichen Stoffen und zu der nämlichen Bestimmung erzeugte. Sie hat uns die gegenseitige Liebe eingepflanzt und uns zu geselligen Wesen gemacht. Sie hat Recht und Billigkeit eingeführt. Ihrer Anordnung zufolge ist es unheilvoller zu schaden, als durch Gewalttätigkeit geschädigt zu werden. Nach ihrem Gebot sollen unsere Hände bereit sein zur Hilfe für die, welche derselben bedürftig sind. Es soll das bekannte Dichterwort uns im Herzen und auf der Zunge sein: Ich bin ein Mensch, was menschlich ist, ist mir nicht fremd.*[188]

Wer auf das Wohl aller Wesen achtet, erlangt Vollkommenheit.

Das ist der Sinn folgender Stelle aus der indischen *Bhagavadgita*. Der Gott Krishna spricht zu dem Helden Arjuna:

> *Wer seiner Sinne Lust bezwingt,*
> *Auf aller Wesen Wohl bedacht,*
> *Gelangt ob seines Gleichmuts wohl*
> *Zum Sitze meiner Herrschermacht.*[189]

Zum Sitz des höchsten Gottes zu gelangen kann als Vollkommenheit und höchstes Glück verstanden werden. Dazu bedarf es nach der zitierten Stelle der Enthaltsamkeit, der Duldsamkeit, des Mitgefühls und der Fürsorge für alles Lebendige. Sich liebevoll um andere kümmern trägt viel zum eigenen Glück bei. Sehr deutlich wird das beispielsweise in der Liebe zu den eigenen Kindern, die viel zu dem persönlichen Glück beitragen kann.

Dem ganzen Menschengeschlecht
ist man Nachsicht schuldig.

An einer bemerkenswerten Stelle in seinem Buch über den Zorn, über die es sich lohnt, länger und wiederholt nachzudenken, schildert *Seneca* die Gründe für eine von tiefer Menschlichkeit geprägte Lebenshaltung. Er zeigt ferner auf, durch welche mentale Übung wir diese Haltung in uns stärken können: *Weit besser ist es, sich klarzumachen, dass man über Verirrungen (der Menschen) nicht zürnen darf. Denn was soll es, wenn man einem zürnt, der in der Dunkelheit (Unwissenheit) unsicher umhertappt? ... Was soll es, wenn man seinen Leuten zürnt, weil sie krank, weil sie alt oder schwach werden? Zu den übrigen Mängeln der Sterblichen gehört auch dieser, diese Umnebelung des Verstandes, die sich im Irrtum kundgibt, gehört nicht nur die Notwendigkeit des Irrtums, sondern auch die Tatsache, dass wir ihn liebhaben. Um sich des Zornes gegen Einzelne zu erwehren, ist es ratsam, von vornherein alles zu verzeihen; dem ganzen Menschengeschlecht ist man Nachsicht schuldig ... Weit mehr besagen will doch und gerechter ist doch die Entschuldigung, dass man Mensch sei, als dass man Knabe sei. Das ist nun einmal unser Los von Geburt ab: Wir sind Geschöpfe, die ebenso zahlreichen geistigen wie körperlichen Krankheiten ausgesetzt sind, zwar nicht stumpf und dumpf, aber schlechte Ausnutzer unseres Scharfsinns (Weisheit), einer dem anderen ein Beispiel von Fehlern.*[190]

Wer über seine Mitmenschen klagt,
hat selbst beklagenswert versagt.

Der Konfuzianer *Xunzi* sagt: *Wer sich selbst kennt, klagt nicht mehr über seine Mitmenschen. Wer die Gesetze der Natur kennt, klagt nicht mehr über die Natur. Denn wer über seine Mitmenschen klagt, hat selbst beklagenswert versagt, und wer über die Natur klagt, zeigt damit lediglich, dass er nicht den Willen besitzt, sie zu meistern.*[191]

Wer sich selbst kennt, weiß, dass er ebenso wie sein Gegenüber Schwächen und Fehler besitzt, vielleicht andere, aber nicht unbedingt geringere oder weniger. Einsicht und kritische Selbsterkenntnis führen zu Milde und Nachsicht gegenüber unseren Mitmenschen.

Bin ich womöglich auch so?

Bei dem griechischen Schriftsteller und Philosophen *Plutarch* findet sich folgende Stelle: *Zitiert man sich obendrein immer wieder Platons Wort: »Bin ich womöglich auch so?«, wodurch man die Reflexion von außen nach innen kehrt und die Vorwürfe durch Behutsamkeit balanciert, dann wird man nicht viel »Sündenhass« gegen andere aufbieten, wo man doch sieht, wie viel Nachsicht man selbst braucht.*[192]

Wir haben hier einen sehr wichtigen Gedanken antiker Weisheitslehre, den wir auch an zentralen Stellen in chinesischen und indischen Weisheitstexten finden. Die Wurzel der Mitmenschlichkeit liegt in der Erkenntnis, dass wir dieselben oder doch vergleichbare Fehler und Mängel haben, wie wir sie bei den anderen gerne kritisieren. Demnach ist bereits in dem grundlegenden »Erkenne dich selbst«, einem Ausspruch, der den sogenannten »Sieben Weisen« zugeschrieben wird, der Gedanke der Humanität enthalten.

Sei freundlich und geduldig,
dann wird dein Herz vollkommen.

Das Zitat stammt aus der sogenannten Spruchsammlung des *Anch-Scheschonki* aus dem alten Ägypten (Entstehungszeit unbekannt). Danach gehören zur Vollkommenheit des seelisch-geistigen Wohlbefindens vor allem Menschlichkeit und Duldsamkeit. Das Zitat lautet im Zusammenhang:

Forsche allen Dingen nach, auf dass du sie erkennest.
Sei freundlich und geduldig,
dann wird dein Herz vollkommen.
Jede Lebenslehre wirkt, wenn man reif geworden ist.[193]

Der letzte Satz ist ein Hinweis darauf, dass eine Lehre nicht schon dann wirkt, wenn wir sie verstanden oder das erste Mal gehört haben. Es muss hinzukommen, dass unsere ganze Persönlichkeit »reif geworden ist«, d.h. dass wir genügend Lebenserfahrung gesammelt haben, damit das Gelernte sich harmonisch einfügt in unser Leben, ein Teil von uns selbst wird, ein verinnerlichtes Verhaltens- und Denkmuster.

LIEBE

Die hohe Schule der Weisheit

Es gibt zwei Arten von Liebe:
die voller Leidenschaft und die maßvolle.
Nur die maßvolle ist beherrschbar
und macht keine Angst.

So könnte man folgenden Mythos zusammenfassen, den der griechische Philosoph *Kerkidas* erzählt: *Es hat einer gesagt, dass Aphrodites Sohn mit den dunklen Schwingen (der Liebesgott Eros) uns zweierlei Luftströme aus seinen Wangen schickt ... Der Mensch, auf den aus der rechten Wange sein Mund wohlwollend und freundlich bläst, lenkt furchtlos das Schiff der Liebe mit dem Steuerruder der Mäßigkeit ... Doch wenn (Eros) seine linke Wange betätigt und (auf einen Menschen) einen Orkan, ein tobendes Unwetter der Begierden loslässt, dann hat dieser eine stürmische Überfahrt.*[194]

Für die Griechen, die Meister des rechten Maßes, waren unbeherrschbare Leidenschaften etwas Furchterregendes und das Gegenteil von Weisheit. Das griechische Wort »páthos«, das wir meistens mit »Leidenschaft« übersetzen, hat im griechischen Sprachgebrauch wesentlich mehr mit Leiden zu tun als das deutsche Wort »Leidenschaft«.

Gelebte Liebe ist ein Teil
der Lebensweisheit.

Diese Deutung würde ich dem folgenden Yoga-Sutra des *Patañjali* geben: *Die Verwirklichung von Liebe, Mitleid, Heiterkeit und Gleichmut in Bezug auf Freude und Leid, Gutes und Böses (führt zur) Abgeklärtheit des Geistes.*[195]

Der Ausdruck »Abgeklärtheit des Geistes« erinnert an das, was man im Allgemeinen unter Weisheit versteht. Denn Weisheit ist eine Form der Klärung des eigenen Geistes. Auch die Worte »Heiterkeit« und »Gleichmut« gehen in diese Richtung, da sie häufig zur Charakterisierung eines weisen Menschen verwendet werden. Wie dem auch sei, es steckt viel Wahrheit in diesen Worten des Yogameisters.

Denn nur der Weise weiß,
wen man lieben soll. [196]

Der Ausspruch wird dem griechischen Philosophen *Antisthenes* zugeschrieben, einem Schüler des Sokrates. Woran er dabei dachte, ist nicht genau zu sagen. Uns ist nur dieses Bruchstück überliefert, nicht der Kontext. Vielleicht meinte er, dass der Weise in jeder Hinsicht weiß, was gut für ihn ist, also auch bei der Wahl des Lebenspartners oder der Freunde. Er hat tiefe Selbsterkenntnis erlangt und damit zugleich tiefe Menschenkenntnis. Seine Weisheit wird gerade in zwischenmenschlichen Beziehungen und bei der Wahl derjenigen Personen, mit denen er eine enge und dauerhafte Verbindung eingeht, zu guten Entscheidungen führen.

Bei der Liebe ist es wichtig,
Ruhe zu bewahren.

Das ist eine Quintessenz der folgenden Stelle bei Seneca. Er zitiert den griechischen Philosophen *Panaitios,* einen wichtigen Vertreter der mittleren Stoa. Auf die Frage, ob auch der Weise sich verlieben werde, soll dieser geantwortet haben: *Was den Weisen angeht, werden wir später sehen. Du und ich, die wir vom Weisen noch weit entfernt sind, dürfen es nicht dahin kommen lassen, dass wir in eine stürmische, unkontrollierbare, in der Verfügung eines anderen stehende und für ihn klägliche Situation geraten. Sei es nämlich, dass uns die geliebte Person eines Blickes würdigt, dann lassen wir uns von ihrer menschlichen Wärme um unsere Ruhe bringen; sei es, dass sie uns abgewiesen hat, dann sind wir über ihren Hochmut wütend. In der Liebe ist Erfolg gleich schädlich wie Misserfolg. Durch Bereitschaft lassen wir uns einfangen, gegen Zurückweisung kämpfen wir an. Daher wollen wir, unserer Schwäche bewusst, zur Ruhe kommen.*[197]

Es war der Verlust von Selbstbeherrschung, innerer Freiheit, Selbstsein und In-sich-Ruhen, was die griechischen Philosophen an der Leidenschaft ablehnten. Nicht die Leidenschaft schlechthin wird hier verworfen, sondern eine Leidenschaft, die uns das Steuer für eine weise Lebensführung aus der Hand reißt.

Erst in der Liebe zum Menschen vollendet sich die eigene Persönlichkeit.

Das ist der Sinn der folgenden Stelle aus dem *Buch der Riten, Sitten und Gebräuche: Die Alten hielten bei der Ausübung der Regierung die Liebe zu den Menschen für das Wichtigste. Wer die Menschen nicht lieben kann, ist nicht im Besitz seiner Persönlichkeit. Wer seine eigene Persönlichkeit nicht besitzt, der kann sich nicht an seinem Platz wohl fühlen. Wer sich nicht an seinem Platz wohl fühlen kann, der kann sich nicht des Himmels freuen; wer sich nicht des Himmels freuen kann, der kann seine Persönlichkeit nicht vollenden.*[198]

Erstaunliche Worte, aber ganz im Sinne des Konfuzius, der diesen Text redigiert haben dürfte. Für ihn war die »(Mit-) Menschlichkeit« (chin. jen, ren) das Wichtigste. Er meinte damit ein tief empfundenes Wohlwollen gegenüber anderen, eben Liebe. In dieser Liebe erkennt er einen wesentlichen Bestandteil einer jeden Persönlichkeit. Wer in seinem Leben nicht liebt, der kann weder glücklich werden noch seine Persönlichkeit vollenden. Das ganze Denken seines bedeutendsten Schülers Menzius umkreist diese Einsicht.

Menschlichkeit wurzelt in der Liebe der Eltern zu ihren Kindern.

Das ist der Sinn folgender Bemerkung des stoischen Philosophen *Chrysippos*. Er sagt: *Es ist ein Naturgesetz, dass die Eltern ihre Kinder lieben, und wir können verfolgen, wie die ganze Gemeinschaft des Menschengeschlechtes von da ihren Ausgang nimmt ... Daraus folgt, dass die gegenseitige Schätzung der Menschen untereinander etwas Natürliches ist, dass der Mensch dem Menschen, schon weil er Mensch ist, nicht fremd erscheint.*[199]

Dieser Gedanke wurde in Griechenland grundlegend für die Feststellung, dass die Entwicklung der eigenen Persönlichkeit und eine weise Lebensführung nicht nur sozialverträglich sind, sondern das friedliche und gedeihliche Zusammenleben der Menschen auch maßgeblich fördern.

Wird die Liebe betrogen,
so erlischt sie.

Das war jedenfalls die Meinung des römischen Dichters *Catull*, die er in folgende Verse gefasst hat:

> *Wenn ein liebendes Herz wird betrogen, so flackert*
> *Wilder die Leidenschaft auf, aber die Liebe erlischt.*[200]

Liebe braucht Vertrauen. Wo Vertrauen fehlt, da endet über kurz oder lang auch die Liebe.

VERGÄNGLICHKEIT

Der Fluss des Lebens

Geschlechter gehen vorüber,
andere treten an ihre Stelle.

Uralt sind das Bewusstsein und die Versuche der inneren Verarbeitung der Vergänglichkeit aller Dinge einschließlich des eigenen Lebens. Kaum etwas ist so notwendig, als sich mit dieser einfachen Tatsache, die alles Erleben und Empfinden durchzieht, anzufreunden. Aber kaum etwas scheint auch so schwierig zu sein. Wohl deshalb hat sich der Dichter eines alten ägyptischen Papyrus aus dem 2. Jahrtausend v. Chr., dem sogenannten *Lied des Harfners*, veranlasst gesehen, folgende Verse niederzuschreiben: *Geschlechter gehen vorüber, andere treten an ihre Stelle, seit der Zeit der Vorfahren, so sicher als der Sonnengott sich früh am Morgen einstellt und abends untergeht im Ozean. Die Männer zeugen, die Frauen empfangen …* [201]

Familie, Name, Gestalt und soziale Stellung gehören zum Körper, dem Kleid der Vergänglichkeit.

Das war die Auffassung *Shankaras,* eines der bedeutendsten indischen Philosophen. Im Zusammenhang lautet das Zitat: *Höre auf, dich mit Rasse, Familie, Namen, Gestalt und sozialer Stellung zu identifizieren. Diese gehören zum Körper, dem Kleid der Vergänglichkeit. Gib auch den Gedanken auf, du seiest der Handelnde oder Denkende. Handlungen und Gedanken gehören zum Ich, der feinstofflichen Hülle. Erkenne, dass du das Sein bist, das ewige Freude ist.*[202]

Diese wichtige Richtung der altindischen Philosophie ging davon aus, dass die gesamte äußere Welt eine Illusion ist (Maya). Auch unser Ich mit seinen Handlungen, Wünschen, Ängsten und Vorstellungen sei unwirklich. Erst wenn wir uns von der Vorstellung eines Ichs lösen, gelangen wir zum wahren, ewigen Sein. Wie immer wir zu dieser Anschauung stehen – dass wir jedoch bei zu starker Identifizierung mit Äußerlichkeiten nicht glücklich werden und uns von uns selbst entfremden, spüren viele Menschen. Nach Shankara beginnen solche Identifizierungen damit, dass wir uns nicht klar eingestehen, dass unser Körper nichts ist als ein »Kleid der Vergänglichkeit«.

Ist nicht alles, was existiert, dem Vergehen unterworfen?

Kurz vor seinem Tod sagte *Buddha* zu einem seiner Lieblingsschüler, der traurig bei ihm stand: *Genug, Ânanda, nicht mögest du trauern und nicht klagen! Habe ich nicht schon vorher verkündet, dass alles Liebe und was Freude bereitet sich wandelt, sich von uns trennt und anders wird? Wie sollte dies möglich sein, dass, was geboren, geworden, durch eine Verbindung von Ursachen bedingt, zur Vernichtung bestimmt ist, nicht vergehen würde? Einen solchen Zustand gibt es nicht.*[203]

Weisheit bedeutet, tief im Innersten zu verstehen, was das Leben ist und was zu ihm gehört. Je tiefer wir es begreifen, desto gelassener ertragen wir die unangenehmen Seiten an ihm, die sich nicht vermeiden lassen.

Lass die angenehmen Gefühle niemals völlige Gewalt über dich ausüben.

Das empfahl der römische Philosoph *Epiktet* angesichts der Vergänglichkeit aller Dinge und Beziehungen: *Das Erste und Vornehmste, und was du gleichsam schon an der Schwelle zu beobachten hast, ist dies, dass du dich ja in kein Ding so verliebst, als wenn es dir nie genommen werden könnte – sondern wie denn? – Nur so, wie man sich etwa in einen irdenen Krug oder in ein Kelchglas oder in ein Ding von dieser Art verliebt, damit du, wenn es zerbricht, dich seiner Beschaffenheit [Vergänglichkeit] leicht entsinnst und ruhigen Gemüts bleibst. So auch hier. Wenn du dein Söhnchen, wenn du deinen Bruder, wenn du deinen Freund küssest, so lass der angenehmen Vorstellung niemals ihre völlige Gewalt.*[204]

Deshalb zeigt sich das Glück bei weisen Menschen häufiger als stille Freude anstelle von lautem Jubel. Sie vergessen nie, wie vergänglich das Glück ist. Ob wir uns durch diesen »Vorbehalt« weniger freuen oder vielleicht sogar intensiver, weil wir um die fragile Einmaligkeit allen Glücks wissen, möge jeder selbst ausprobieren.

Groß ist der Tod! Groß fürwahr!

Bei dem chinesischen Philosophen *Liezi* lesen wir:

Alles Gestaltete muss ein Ende nehmen …
Was Leben hat, muss wieder zur Leblosigkeit zurückkehren.
Was Gestalt hat, kehrt wieder zur Gestaltlosigkeit zu-
rück …
Wer nun aber ewig währendes Leben ersehnt
und verhindern möchte sein Ende,
der täuscht sich in Wahnwitz über die
Bestimmung des Seins …
Im Dahinsterben und Vergehen aber geht er (der Greis)
ein in die Ruhe des Ausgelöschtseins,
und so kehrt er zurück zur Vollendung alles Seins.
Groß ist der Tod! Groß fürwahr! … [205]

So eingängig diese Worte klingen, umso schwerer ist es, sie in sich aufzunehmen und in dem eigenen Seelenleben und Denken zu verankern, um die Angst vor dem Tod und damit zugleich viele anderen Ängste zu überwinden. Das aber hielten die Alten in Ost und West für eines der wichtigsten Ziele weiser Lebensführung: dass wir unsere Ängste überwinden; womit sie allerdings nicht die besonnene Vorsicht und Wachheit gegenüber drohenden Gefahren meinten.

Denke an deinen Tod und nimm nur
diejenige Mühsal auf dich, die notwendig ist.

Von dem bedeutenden Philosophen *Demokrit,* einem
Zeitgenossen des Sokrates, sind viele weise Gedanken
überliefert, unter anderem folgender: *Man muss beden-*
ken, dass das menschliche Leben hinfällig und kurz befristet
ist, durchsetzt mit mancherlei Verhängnissen und Nöten, auf
dass man nur einen mäßigen Besitz anstrebe und die Mühsal
nach dem Notwendigen bemessen wird.[206]

Wir sollten nicht den größten Teil unseres Lebens mit
Arbeit und der Organisation unserer äußeren Verhältnisse vertun und darüber vergessen zu leben. Das lehren
Tod und Vergänglichkeit, meinte Demokrit. Es ist mehr
als bedauerlich, dass keines von Demokrits Büchern die
Zeit überlebt hat. Aber die etwa dreihundert Aussprüche, die wir von ihm haben, genügen – richtig verstanden
und angewendet –, die meisten unserer Lebensprobleme
zu lösen. Wie jeder echte Weise lebte Demokrit, was er
lehrte. Im Hinblick auf das obige Zitat verwundert es daher nicht, dass er schon in der Antike der »lachende Philosoph« genannt wurde und hundert Jahre alt geworden
sein soll. Wer richtig lebt, lacht viel. Wer viel lacht, lebt
lange.

Wir steigen in denselben Fluss und doch nicht
in denselben; wir sind und sind nicht. [207]

Dieses berühmte Bild stammt von dem Vorsokratiker *Heraklit,* der schon in der Antike wegen seiner zum Teil schwer verständlichen Aussprüche der »Dunkle« genannt wurde. Sokrates sagte einmal über ihn, was er von ihm verstanden habe, zeuge von hohem Geist, und er glaube, auch was er nicht verstanden habe, nur bedürfe es dazu eines delischen Tauchers. [208] Die Taucher von Delos waren bekannt für ihre Fähigkeit, besonders tief tauchen zu können. Im Hinblick auf die Lebensweisheit können wir dem Ausspruch Heraklits entnehmen, dass alles, was ist und uns umgibt, auch wir selbst, dem ständigen Wandel unterliegt. Diese Einsicht hat weitreichende Folgen für die Art, wie wir denken, werten und leben sollten. Wir sollten uns beispielsweise darin üben, nicht an den Dingen und Verhältnissen zu hängen und loslassen zu können, denn sie werden nicht so bleiben, wie sie sind.

HEITERKEIT

Die angenehmste Eigenschaft
eines Menschen

Die köstlichste Frucht der Lebensweisheit ist Heiterkeit.

Das ist der Sinn der folgenden Stelle bei dem chinesischen Philosophen *Menzius: Worin der Weise sein eigentliches Wesen sieht, das ist Liebe und Pflicht und Ordnung und Weisheit. Die wurzeln ihm im Herzen, und die Wirkungen, die sie nach außen hervorbringen, zeigen sich in der milden Heiterkeit seines Gesichts, in der Würde ...* [209]

Weisheit führt zu nachhaltiger Heiterkeit. Den Grad der Weisheit, den wir erreichen, können wir auch daran ermessen, wie stark unser Gemüt von echter und tiefer Heiterkeit durchdrungen ist. Es sind vor allem die Chinesen, die wie keine andere Kultur die enge Verwandtschaft von Weisheit und Heiterkeit erkannt haben. »Pflicht« meint, dass wir uns selbst treu bleiben, was nach dieser Lehre tiefe Mitmenschlichkeit (»Liebe«) mit einschließt. »Ordnung« meint, dass wir unser Leben eigenverantwortlich gestalten und formen und in diesem Sinne »ordnen«.

Heiterkeit entspringt aus innerer Harmonie.

Dazu folgende Stelle aus dem chinesischen *Buch der Riten, Sitten und Gebräuche*, einem Haupttext des Konfuzianismus: *Sitte [bei Konfuzius: gelebte Weisheit] und Musik dürfen nicht für einen Augenblick der Persönlichkeit fernbleiben. Wenn man die Musik wirken lässt zur Ordnung der Gesinnung, so wächst eine ruhige, gerade, ehrliche und aufrichtige Gesinnung üppig empor. Wenn eine ruhige, gerade, ehrliche und aufrichtige Gesinnung entsteht, so wird man fröhlich [heiter]. Durch Fröhlichkeit kommt Friede, durch Friede entsteht Dauer, durch Dauer entsteht himmlisches Wesen, durch himmlisches Wesen entsteht Göttlichkeit ... Wenn man im Herzen auch für einen Augenblick nicht harmonisch und heiter ist, so dringt eine niedrige, falsche Gesinnung ein.*[210]

Heiterkeit ist das Zeichen innerer Harmonie und Weisheit. Die Probleme des Menschen können darauf zurückgeführt werden, dass diese Harmonie gestört ist. »Himmlisches Wesen« und »Göttlichkeit« sind hier nicht im Sinne einer konkreten Religion zu verstehen.

Wer achtsam ist und Heiterkeit im Herzen bewahrt,
vermag alles Schwierige auf Erden zu vollenden.

Das ist der Sinn folgender Stelle aus den Erläuterungen zum *Buch der Wandlungen,* die selbst noch aus der Antike stammen: *Heiterkeit im Herzen wahren können und dabei dennoch besorgt sein in Gedanken: So vermag man Heil und Unheil auf Erden zu bestimmen und alles Schwierige auf Erden zu vollenden.*[211]

Wir müssen einen Kompromiss finden zwischen dem Be-Sorgen unserer gegenwärtigen und zukünftigen Belange und dem heiteren Vergnügen am Hier und Jetzt. Dieses Be-Sorgen (sich Kümmern) darf nur in dem Maße unser Seelenleben in Beschlag nehmen (»besorgt sein«), dass wir unsere Heiterkeit nicht verlieren. Das ist keine leichte Aufgabe. Bei vielen Menschen verdrängt die Sorge um das Morgen die Freude am Heute. »So vermag man Heil und Unheil zu bestimmen« meint wohl, dass wir mit dieser Fähigkeit zur Heiterkeit bei gleichzeitiger Achtsamkeit unser Glück selbst in der Hand haben.

Die wahre Lust besteht darin,
dass die Seele sich in einem Zustand der Ruhe
und der Heiterkeit befindet.

Die Stelle wird dem griechischen Philosophen *Diogenes von Sinope* zugeschrieben. Im Text heißt es weiter: *Ohne das sind die Schätze von Midas und Kroisos nutzlos. Wer sich wegen einer ernsten – oder geringfügigen – Sache Sorgen macht, ist nicht glücklich, sondern unglücklich.*[212]

Midas und Kroisos waren mythische (Midas) und historische (Kroisos) Gestalten des Altertums, die wegen ihres unermesslichen Reichtums sprichwörtlich wurden. Der Ausdruck »wahre Lust« dürfte identisch sein mit dem »höchsten Glück«, wie Epikur es später verstand, der in der Lust das höchste Gut sah.[213] Sorgenfreiheit gehört zu den Zielen einer weisen Lebensführung. Das gilt nach Diogenes selbst für »ernste Sachen«.

Wer am wenigsten des Morgen bedarf,
der geht ihm am heitersten entgegen. [214]

Der Ausspruch stammt von dem griechischen Philosophen *Epikur,* der eine bedeutende Philosophie der Freude
und des Wohlergehens (der »Lust«) entwickelte, über
die heute noch viel geschrieben und nachgedacht wird.
Mit dem Zitat will er ausdrücken, dass derjenige zu den
Heitersten gezählt werden kann, der sich selbst genügt,
sich auf das Hier und Jetzt konzentriert und frei ist von
Hoffnungen, Wünschen und Zukunftsplänen. Wenn er
aber solche hegt, so haben sie keine größere Bedeutung
für ihn und sein Wohlbefinden. Weder braucht er sie,
noch hängt sein Herz an ihrer Erfüllung. Wahrscheinlich würde jeder von uns an Lebensqualität gewinnen,
wenn wir uns innerlich weniger um die Zukunft kümmern und uns dafür mehr der Gegenwart zuwenden
würden.

**Wer ein mildes und heiteres Gemüt hat,
der wird leicht durchs Leben gehen.**

Das dürfte der Sinn folgender Stelle aus der *Bhagavadgita* sein, einem der bedeutendsten altindischen Weisheits-texte:

> *Wer seine Selbstbeherrschung wahrt,*
> *Wer stets sich übt in Schweigsamkeit,*
> *Mit mildem, heiterem Gemüt –*
> *der seine Denkart recht kasteit.*[215]

Eine andere Formulierung für »recht kasteien« wäre »gut trainieren«, ganz im Sinne der ursprünglichen Be-deutung von »Askese« als Übung.[216] »Sich in Schweig-samkeit üben« meint kein Schweigsamkeitsgelübde, sondern die im antiken Weisheitsdenken in West und Ost oft anzutreffende Empfehlung, lieber wenig zu re-den oder gar zu schweigen, als Unvernünftiges oder Scheinwissen in die Welt zu setzen. Interessant ist, dass Selbstbeherrschung, Schweigsamkeit, Milde und Heiter-keit als ein mentales Training verstanden werden Eine weise Lebensführung kann auch beschrieben werden als ein kontinuierliches Training des Denkens und Verhal-tens.

Es steht dem Menschen besser an,
das Leben zu belachen, als es zu beweinen.

Der Ausspruch findet sich in folgender Passage bei *Seneca: Wir müssen unserem Geist also die Wendung geben, dass uns alle Verirrungen des Volkes nicht verhasst, sondern lächerlich erscheinen, und müssen es mehr mit Demokrit halten als mit Heraklit. Denn dieser konnte sich auf der Straße nicht sehen lassen, ohne Tränen zu vergießen; jener dagegen lachte; dem einen erschien alles, was wir tun, bejammernswert, dem anderen ein Possenspiel. Man muss sich alles leichter machen und fügsam ertragen; es steht dem Menschen besser an, das Leben zu belachen, als es zu beweinen.*[217]

Im späten Altertum galten Demokrit und Heraklit als die typischen Vertreter von Optimismus und Pessimismus. Demokrit wird daher auch »der lachende Philosoph« genannt, Heraklit der »weinende« oder auch »der Dunkle«, wegen seiner schwer verständlichen Aussprüche. Selbst wenn Demokrit viel gelacht hat, so war er doch stets darum bemüht, den Menschen Wege aus ihren »Verirrungen« zu weisen. Die vielen überlieferten Fragmente über seine ethischen Auffassungen verdienen es, neben die des Sokrates und Platon gestellt zu werden.

NACHWORT

Zur Geschichte der philosophischen Lebensweisheit

Der praktische Nutzen von Weisheiten wurde schon früh erkannt. In dem Moment, als der Mensch mit Grenzsituationen wie Krankheit, Kampf, Krieg, Tod, Existenzangst konfrontiert wurde, die ihm seelisches Leid verursachten, als er sich unwohl und missmutig fühlte und ihm der Gedanke kam, dass das etwas mit seiner Lebensweise zu tun haben könnte, als er bemerkte, dass er negative Gefühle und Streit vermeiden oder doch vermindern kann, wenn er sein Verhalten und seine Vorstellungen ändert, in diesem Moment begann der Mensch über sich und sein Leben nachzudenken. Das war die Geburtsstunde der praktischen Philosophie.[218]

Diese Art des Nachdenkens über das, was einem guttut, ist seither das wohl charakteristischste Merkmal des Menschseins. Insofern philosophieren wir alle, und zwar ständig, indem wir versuchen, uns, unsere Umgebung und das Geschehen in der Welt und in der Natur zu verstehen. »Der Philosophie ist nicht zu entrinnen. Es fragt sich nur, ob sie bewusst wird oder nicht, ob sie gut oder schlecht, verworren oder klar wird.« (Jaspers)[219] Ohne das dabei gewonnene Verständnis wären wir vollkommen orientierungslos und praktisch handlungsunfähig, es sei denn, wir hätten noch den Instinkt von Tieren. Aber dieser Instinkt scheint uns im Laufe der Evolution weitgehend verlorengegangen zu sein, vielleicht gerade in dem Moment, in dem wir damit begonnen haben, über uns nachzudenken.

Das Erste, was die Menschen bei dem Versuch entwickelten, seelische Belastungen, Unwohlsein oder Leiden zu vermeiden, waren Mythen und Riten. Sie sollten dabei helfen, die Welt und das Leben zu verstehen, denn das Verstehen ist der erste und wichtigste Schritt, Frieden mit sich, der Welt und den anderen zu schließen. Im Verstehen versuchen wir, unsere Vorstellungen, unser Denken und Fühlen zu harmonisieren, Wertungswidersprüche aufzulösen, eine Ebene der Stimmigkeit zu finden, eine Weltanschauung zu entwickeln, die das Denken beruhigt und Vertrautheit sowie eine Art geistig-seelisch-spirituelle Heimat schafft. Rituelle Handlungen waren der Versuch, dieses Verstehen zu verinnerlichen, sinnlich erfahrbar und erlebbar zu machen. Durch den Ritus, die Wiederholung, die Gewohnheit wird das Verstehen quasi in den Körper eingelassen und prägt auf diesem Wege unsere unbewussten Denk- und Verhaltensmuster, die in viel stärkerem Maße als unsere Vernunft unser Handeln bestimmen. Durch diese Art »Verkörperlichung« sollten Verstehen, Fühlen und Wollen in Übereinstimmung gebracht werden.

Der Übergang von diesem mythischen zum rationalen Denken brachte die Sentenzen und Spruchweisheiten hervor, die wir in der abendländischen Entwicklung in philosophischen wie in religiösen Texten finden, zunächst bei Dichtern wie Homer und Hesiod, dann bei

Staatslenkern (Solon von Athen), herausragenden Persönlichkeiten und den ersten offiziellen »Philosophen« (Thales von Milet), die man später unter dem Namen die »Sieben Weisen« zusammenfasste. Auch in China (Buch der Wandlungen, Buch der Lieder) und Indien (Veden, Upanishaden) waren Sentenzen, Spruchweisheiten und kürzere Reflexionen der erste Schritt philosophisch-rationaler Weltaneignung und Lebensbewältigung. Charakteristisch für dieses Weisheitsdenken war eine starke Verdichtung auf kurze, prägnante Formulierungen, die den Kern einer Lebenserfahrung aussprachen. Der Sinn dieser Verdichtung war zum einen, sich eine Weisheit leichter merken zu können. Sie sollten »zur Hand« sein, wenn wir sie brauchen, d. h. wenn wir in eine Lebenssituation geraten, in der guter Rat teuer ist. Hier kann ein knapper Ausspruch, wie etwa »Nichts zu sehr«, »Siehe auf das Ende«, »Alles ist Übung«, »Gewinn ist unersättlich«, alles Worte der »Sieben Weisen«, eher im Bewusstsein aufscheinen und den richtigen Weg weisen als etwa die ausführliche Aristotelische Abhandlung über den Wert und die Bedeutung der »Mitte« für das richtige Verhalten im Leben. »Von mir stammt das Sich-Erinnern ... durch die Schrift bin ich erkennbar«, sagt der Gott Krishna, die personifizierte Weisheit.[220]

Diese Form der Weisheitsvermittlung hat allerdings zwei Eigenschaften, die solche Sinnsprüche im Laufe der Zeit etwas in Misskredit brachten und ihre Popularität beeinträchtigten. Zum einen fehlen ihnen nähere Erklärungen. Das kann dazu führen, dass wir uns mit einem oberflächlichen Verständnis begnügen und die tiefe Weisheit in all ihrem Bedeutungsreichtum, der in ihnen liegt, nicht erfassen. Ohne ein solches tieferes Verständnis aber fällt uns die richtige Anwendung schwer. Wir wissen nicht, wann, in welchem Umfang und in welcher Beziehung wir sie beherzigen sollen und wann nicht, wann wir der einen Weisheit folgen sollen, wann einer anderen. Denn häufig treten Konflikte und Spannungen zwischen verschiedenen Weisheiten auf. So können wir beispielsweise in Situationen geraten, wo wir uns fragen, ob es jetzt besser ist, Maß zu halten (»Nichts zu sehr«) oder konsequent bei dem eingeschlagenen Weg zu verharren (»Werde, der du bist«).

Die zweite Angriffsfläche, die kurze Spruchweisheiten boten, war ihre offensichtlich leichte »Widerlegbarkeit«. Da sie häufig weder eine Begründung noch differenzierte Handlungsanweisungen enthalten, lassen sich schnell Argumente und Lebenssituationen finden, die eine Spruchweisheit scheinbar widerlegen oder ad absurdum führen. Sollen wir etwa auch Schwerverbrechern Verständnis oder gar Liebe entgegenbringen, wie es viele Weise in West und Ost empfohlen haben? Sollen wir den »gerechten Zorn« gegen eklatantes Unrecht zügeln? Sollen wir versuchen, alle Angst zu überwinden, auch die, die uns vor Gefahren warnt? Die sich an solche Fragen anschließende breite Debatte in der Antike führte zwar einerseits zu einer fruchtbaren Vertiefung der Einsichten, die sich in Sentenzen und Spruchweisheiten verdichtet hatten. Andererseits brachte sie aber auch eine Theoretisierung, Dogmatik und Verunsicherung mit sich, die den Wert solcher Formen der Wiedergabe von Weisheit in Zweifel zog und ihre praktische Bedeutung beeinträchtigte.

Für die Herausragendsten unter den antiken Denkern freilich behielt diese Form der Verdichtung von Lebenserfahrungen in Kernaussagen ihre Bedeutung und ihren Wert im Denken und vor allem in der Praxis einer gelungenen Lebensführung. Denn sie erkannten, dass wir zwar einerseits unser Verstehen von uns selbst, den anderen und der Welt so weit wie möglich vertiefen, also kontinuierlich und systematisch philosophieren sollten; dass dieses Verstehen aber nicht für sich selbst schon dazu führt, dass wir uns in den verschiedenen Lebenssituationen stets richtig verhalten, also das nachhaltig Beste für uns auch tatsächlich tun. Sie wussten, dass unsere Lebensführung mindestens ebenso sehr von unbewussten Denk- und Verhaltensmustern gesteuert wird wie von einem vernünftigen Abwägen. Ein tiefes Verstehen einer Lebenstatsache führt nicht automatisch zu einer Änderung dieser Denk- und Verhaltensmuster und somit dazu, dass wir auch tun, was wir erkannt haben. Das Verstehen muss vielmehr so sehr »verinnerlicht« und »ein Teil unserer selbst«, unseres Charakters und unserer Haltung werden, dass es unmittelbar handlungsbestimmend wird. Wenn es die Situation erfordert, muss uns die richtige Erkenntnis auch in den Sinn kommen und unsere Reaktion und Verhalten beeinflussen. Was nutzt uns etwa die Einsicht, dass alle Menschen Fehler haben, für die sie häufig nicht selbst verantwortlich sind, wenn wir auf das aggressive Verhalten eines Menschen regelmäßig mit Gegenaggression reagieren, anstatt gelassen zu bleiben und in dem anderen einen leidenden und hilfebedürftigen Menschen zu sehen, dem es offenbar wesentlich schlechter geht als einem selbst.

Um dahin zu kommen, müssen wir, was wir verstanden haben, im täglichen Leben ausprobieren, anwenden, einüben, trainieren. Wir können aber eine philosophische Abhandlung über den Ursprung, die Bedeutung und systematische Herleitung der »Mitmenschlichkeit« nicht »einüben«, sondern müssen den Kerngedanken in eine einprägsame, überzeugende und erinnerbare Form bringen, um ihn jederzeit »griffbereit« zu haben, etwa in dem Ausspruch »Der Weise kennt keinen Streit«. Stehen wir vor der Entscheidung, das Wochenende durchzuarbeiten, einen weiteren Auftrag anzunehmen, uns für einen zehnten Branchentreff anzumelden oder mehr Zeit mit der Familie oder mit Freunden zu verbringen, so mag uns die Aristotelische Lehre von der »goldenen Mitte« nicht in den Sinn kommen, eher aber schon ein Ausspruch wie »Nichts im Übermaß«. Das jedenfalls wird geschehen, wenn wir uns vorher intensiv genug und wiederholt mit diesem Gedanken beschäftigt haben; wenn wir in der aufmerksamen Beobachtung unserer Lebensweise erkannt haben, dass wir in der einen oder anderen Beziehung vielleicht zu einseitig leben und deshalb den angemessenen Ausgleich zwischen unseren verschiedenen Bedürfnissen nicht finden.

Diese Erfahrung des spezifischen Nutzens kurzer Sinnsprüche, Lebensweisheiten, philosophischer Gedanken, einprägsamer Bilder, griffiger Formeln, gelungener Formulierungen und der Zusammenfassung von Wesentlichem blieb in der Antike in West und Ost stets lebendig und führte trotz der Ausbreitung und Vertiefung der philosophischen Diskussion zu ihrem Überleben in Theorie und Praxis. Von Sokrates ist bekannt, dass er

immer wieder auf das »Erkenne dich selbst« zurück-
kam, einen der Kernsätze der »Sieben Weisen«, auf dem
er seine ganze Philosophie aufbaute. Häufig soll er sich
mit dem Ausspruch des Odysseus zur Gelassenheit er-
mahnt haben: »Dulde, o Herz, schon größere Schmach
hast du erduldet.« Auch pflegte er die in den Schriftrol-
len überlieferten »Kostbarkeiten der früheren weisen
Männer« durchzugehen und »Gutes herauszunehmen«,
um es mit den Freunden zu besprechen.[221]

Epikur fasste seine in vielen Büchern entwickelten Er-
kenntnisse immer wieder in kurzen Briefen oder Kern-
sprüchen (»Hauptlehrsätze«) zusammen, damit sich seine Schüler das Wesentliche besser einprägen konnten. Es
ist kein Zufall, dass die Bücher Epikurs verlorengegangen sind, die Spruchsammlungen aber überlebt haben.
Die berühmten »Selbstbetrachtungen« (»Ermahnungen
an sich selbst«) des Philosophenkaisers Marc Aurel beste-
hen aus kurzen Abschnitten mit jeweils in sich abge-
schlossenen Gedanken, häufig sentenzenartig kompri-
miert. Mit ihnen wollte Marc Aurel sich selbst immer
wieder an das Wesentliche erinnern und es sich mahnend
vor Augen halten.

Das chinesische »Buch der Wandlungen« (Yijing, I
Ging), das älteste Weisheitsbuch der Menschen, besteht
vornehmlich aus Beschreibungen typischer Lebenssituationen und darauf bezogener kurzer Handlungsanweisungen, die – wie die ersten griechischen Spruchweisheiten – lange als Orakelsprüche verstanden wurden, also
»Weissagungen«, die ankündigen, was geschieht, wenn
wir das eine oder andere tun oder unterlassen.[222] Die Philosophie des Konfuzius ist uns vor allem in Aussprüchen

mit jeweils wenigen Sätzen überliefert, ausreichend, um daraus seine gesamte praktische Philosophie rekonstruieren zu können, aber ebenso geeignet, uns in zahlreichen Lebenssituationen den richtigen Weg zu weisen. Das einflussreichste Buch zur Philosophie des Yoga, die Sutren des Patañjali, besteht nur aus kurzen Sätzen und Handlungsanweisungen. Der vielleicht größte Einfluss der Lehren Buddhas ging von dem Dhammapada aus, einer Sammlung seiner wichtigsten Aussprüche in 423 Versen. Wesentliche philosophische Gedanken der altindischen Philosophie finden sich zusammengefasst in den Versen der Bhagavadgita, einem Lehrgedicht, das bis auf den heutigen Tag viele Leser gefunden hat und zu dem Mahatma Gandhi immer wieder zurückgriff, wenn er einmal »keinen Lichtstrahl mehr sah«: »Wenn die Wechselfälle des Schicksals bei mir keine Spuren hinterlassen haben, verdanke ich dies ausschließlich den erhabenen Lehren der Gita.«[223] Auch das ist eine Qualität von Verdichtungen der Weisheit: Wir können leicht auf sie zurückgreifen, um uns an Wesentliches zu erinnern und wieder zu unserer Mitte zurückzufinden. Sie sind, modern gesprochen, Heilmittel der Resilienz, der seelischen Widerstandsfähigkeit.

Nach Marc Aurel, Epiktet und Seneca, bei dem diese Tradition des Komprimierens philosophischer Gedanken in einprägsame Formulierungen mit dem Ziel der Verinnerlichung, besseren Erinnerbarkeit und praktischen Umsetzung ihren Höhepunkt erreichte, verliert sich die Spur dieses Teils der praktischen Philosophie. Er geriet in Vergessenheit.[224] Nur noch in den seelenleitenden geistigen Übungen des Christentums und in volksnahen Sprichwörtern lebte diese Tradition fort. Es ist ein »sehr grundsätzliches Problem geistesgeschichtlicher Wertung«, sagt der Philologe Walter Burkert, dass »gerade die historisch erfolgreichsten Gedanken, Thesen, Betrachtungsweisen, die jahrhundertelang wiederholt werden, eben damit einem Prozess der Verflachung und Verdünnung, der Abnützung verfallen, ja schließlich so etwas wie eine geistige Allergie erzeugen, die zu ungerecht heftigen Gegenreaktionen führt.«[225] Erst wieder in der Neuzeit, eingeleitet von dem großen Humanisten Erasmus von Rotterdam, fortgeführt von Francis Bacon und den französischen Moralisten wie La Rochefoucauld, La Bruyère, Vauvenargues sowie dem Spanier Baltasar Gracián, lebte in deren Aphorismen etwas von jener antiken Lehre wieder auf. Von da ab gab es bis auf den heutigen Tag immer wieder bedeutende Aphoristiker wie Schopenhauer, Nietzsche, Cioran u. a. Aber die Aphorismen haben hier eher den Charakter einer besonderen Art des Denkens und nur selten die Funktion, das Leben der Menschen zu leiten oder zu erleichtern, ihnen Halt und Richtschnur zu sein. Zudem entbehren sie der Würde des Alters und des Anfangs, die nur die Antike für sich in Anspruch nehmen kann. Denn vielleicht »stellt sich eine geistige Erscheinung nur an ihrem Ursprungsort am reinsten dar«[226] oder, wie es Hermann Hesse in den bekannten Zeilen dichtete: »Allem Anfang wohnt ein Zauber inne.«

Diesen besonderen Wert des Ursprungs hat Goethe, selbst einer der großen Weisen der Menschheit, der uns in all dem, was er geschrieben und gesagt hat, den wohl umfangreichsten Schatz an Weisheitswissen hinterlassen hat, den wir von einem einzigen Menschen besitzen, sehr klar gesehen und zeitlebens geschätzt: »Man studiere nicht die Mitgeborenen und Mitstrebenden«, sagte er einmal, »sondern große Menschen der Vorzeit, deren Werke seit Jahrhunderten gleichen Wert und gleiches Ansehen behalten haben … vor allen Dingen die alten Griechen und immer wieder die Griechen.«[227] Für ihn war das »Große der Alten, vorzüglich der Sokratischen Schule … Quelle und Richtschnur des Lebens und Tuns«, das »nicht zu leerer Spekulation, sondern zu Leben und Tat auffordert«.[228] Wenn man die Quintessenz des Altertums ziehe, »so gibt es also bald einen herzerquickenden Becher, und wenn man die abgestorbenen Redensarten aus eigener Erfahrungs-Lebendigkeit wieder anfrischt, so geht es wie mit jenem getrockneten Fisch, den die jungen Leute in den Quell der Verjüngung tauchten und als er aufquoll, zappelte und davonschwamm, sich höchlich erfreuten, das wahre Wasser gefunden zu haben.«[229] Er war sich sehr bewusst, dass »nichts Neues ausgedacht werden kann, was auf den sittlichen Menschen (seine Lebensführung) Bezug hat. Es ist alles schon gedacht und gesagt worden«.[230] Daher gehe es für neuere Autoren lediglich darum, den »empfangenen Gedanken dergestalt fruchtbar zu entwickeln … dass niemand leicht, wie viel in ihm verborgen liege, gefunden hätte«.[231] Dies sei das schönste Zeichen von Originalität. Folglich lobte Goethe Zusammenstellungen von Maximen und Einsichten: »Was man auch gegen solche Sammlungen sagen kann, welche die Autoren zerstückelt mitteilen, sie bringen doch manche gute Wirkung hervor. Sind wir doch nicht immer so gefasst und so geistreich, dass wir ein ganzes Werk nach seinem Wert in uns aufzunehmen vermöchten. Streichen wir nicht in einem Buch Stellen an, die sich unmittelbar auf uns beziehen?«[232] Aber er wusste auch, dass es einiger Mühe bedarf, sich antikes Weisheitswissen auf diese oder eine andere Art wirklich anzueignen und es zu nutzen. So lobte er einmal die Übersetzer der alten Texte mit folgenden Worten: »Je mehr man durchdrungen ist von dem Werte der Bildung, die wir den alten Schriftstellern verdanken, desto mehr lernt man nach und nach einsehen, dass sein ganzes Leben dazugehört, sie recht zu verstehen und also gründlich zu nutzen. Vergebens, dass man sich einbildet, nebenbei zu so wichtiger Einsicht gelangen zu können. Wie hoch haben wir daher den Übersetzer als Vermittler zu verehren, der uns jene Schätze herüber in unsere tägliche Umgebung bringt, wo wir vor ihnen nicht als fremden seltsamen Ausgeburten erstaunen, sondern sie als Hausmannskost benutzen und genießen.«[233] Besser kann nicht beschrieben werden, was das Ziel der vorliegenden Sammlung antiker Lebensweisheiten ist.

Weisheit und Philosophie

Unter Rückgriff auf griechische Vorbilder gliederte Seneca, einer der großen Weisen der abendländischen Antike, der auf eine 600-jährige, intensive Weisheitsdiskussion zurückblicken konnte, die praktische Philosophie in zwei Teile. Der erste Teil beschäftige sich mit dem Verstehen, der Herleitung und Begründung von

Lehrsätzen, Begriffen, Maximen und Werten für ein gelingendes Leben. Der zweite Teil aber betreffe die praktische Umsetzung der gewonnenen Einsichten.[234] Beide Teile seien gleich wichtig und gehören notwendig zusammen. Wir werden nicht richtig und kontinuierlich umsetzen, was wir nicht gründlich genug verstanden haben. Das mache die Philosophie im engeren Sinne aus, das vertiefte Bedenken unseres Lebens und unserer Seinsbedingungen sowie die begriffliche Herleitung und systematische Reflexion. Aber wir brauchen auch prägnante Zusammenfassungen und Verdichtungen der Ergebnisse unseres Denkens, die geeignet seien, direkt »ans Herz zu greifen«. Nur so können bei den Lesern und Schülern Impulse ausgelöst werden, das Gelernte auch umzusetzen und an sich und ihrer Lebenspraxis zu arbeiten, indem sie ihre Denk- und Verhaltensgewohnheiten ändern. Sie sollen in der Lage sein, in jeder Situation und ohne längeres Nachdenken den Herausforderungen und Schwierigkeiten des Lebens begegnen zu können und die damit verbundenen Probleme zu meistern. Immer wieder findet Seneca neue Formulierungen, Bilder, drastische Ausdrücke und ungewöhnliche Perspektiven, dieselbe Weisheit vielfältig und wortgewaltig darzustellen. Er rechtfertigt diese für ihn wichtige Funktion einer Philosophie, die von den Lehrsätzen quasi herabsteigt auf die Ebene der alltäglichen Umsetzung, mit einer Reihe von Gründen. Sie tragen der psychologischen Tatsache Rechnung, dass wir häufig wissen, was gut für uns ist, es aber nicht tun. So seien Ratschläge, Ermahnungen, Vorwürfe, Sentenzen, Aphorismen, Aufmunterungen, Tröstungen usw. konkreter und lebensnäher und nicht so

»verschwommen« wie die graue Theorie. Sie »schärfen unser Gedächtnis und erhöhen unsere Achtsamkeit« für die Weisheit ebenso wie für die Lebenssituationen, in denen jene uns nutzen könne. Sie geben »gehörige Erläuterungen«, »verdeutlichen« die Lehrsätze, zeigen Zusammenhänge auf und fördern so eine »Geübtheit im Auffinden des rechten Weges«. Von einer Einsicht zur praktischen Umsetzung sei ein weiter Weg. Hier müsse »ein Funke überspringen«, damit die Seele den nötigen »Schwung« erhalte, um von der bloßen Einsicht zur Tat zu schreiten. Zusammenfassungen, bündige Formulierungen, treffende Bilder geben der Seele »Nahrung und Wachstum«, »Glaube und Selbstvertrauen«. Der Ausspruch eines weithin anerkannten Denkers verstärke den Glauben an die Wahrheit der zugrundeliegenden Erkenntnis, wodurch die Seele »erhoben und mit Selbstvertrauen erfüllt wird«. Seneca führt das Beispiel des Marcus Agrippa an, des Feldherrn und Schwiegersohns Kaiser Augustus'. Dieser »pflegte zu sagen, er verdanke viel dem Spruche: ›Durch Eintracht wächst auch das Kleine, durch Zwietracht zerfällt auch das Größte.‹[235] Durch diesen Spruch, sagt er, sei er der beste Bruder und Freund geworden.«[236]

Ferner wusste Seneca, dass jeder Mensch eine eigene persönliche Ansprache benötigt. Wenn schon der Lehrer oder Weise nicht persönlich anwesend sein kann, um im Gespräch oder als anschauliches Vorbild unmittelbar zu wirken, so scheint es sinnvoll zu sein, für einen Gedanken unterschiedliche Ausdrücke, Bilder und Gleichnisse zu finden. Was der eine überliest, bleibt bei dem anderen hängen. Entscheidend war für Seneca, dass überhaupt eine der gewählten Formulierungen eine Einsicht bei dem Leser auslöse und in ihn eindringe, »sein Herz ergreife«, sich in seiner Erinnerung festsetze, so dass sie sofort präsent sei, um ihm in einer konkreten Situation weiterhelfen zu können.

Diese wichtigen Ausführungen zeugen von Senecas tiefen Einsichten in die Psychologie der menschlichen Seele. Der Mensch ist nicht bloß ein vernunftgesteuertes Wesen, ja vielleicht nicht einmal in erster Linie. Seine Emotionen und der gesamte irrationale Inhalt seines Seelenlebens beherrschen sein Denken und Handeln in weitaus stärkerem Maße als die Vernunft. Sie üben diese Herrschaft aus über unsere unbewussten Denk- und Verhaltensgewohnheiten, die sich im Laufe der Zeit aus unzähligen Lebenserfahrungen herausgebildet und verfestigt haben. Wir entscheiden mehr aus dem Bauch heraus als aufgrund vernünftiger Abwägung. Häufig wirkt beides in diffuser Gemengelage zusammen, wobei der größere Einfluss in der Regel vom Unbewussten ausgeht. Damit die Lehren der praktischen Philosophie wirksam werden können, muss daher ein Weg gefunden werden, auf diese unbewussten Denk- und Verhaltensmuster einzuwirken und sie zu verändern. Andernfalls entfaltet die beste Einsicht keine Wirkung. Diesen Weg bahne, so Seneca, der zweite Teil der Philosophie, der die Zusammenfassungen, komprimierten Gedanken, Spruchweisheiten, Ratschläge, Ermahnungen, Tröstungen etc. enthält. Es sei hier nur nebenbei erwähnt, dass diese Vorstellungen Senecas von den Ergebnissen der modernen Gehirnforschung ebenso bestätigt werden wie von maßgeblichen Richtungen der Psychotherapie, etwa der kognitiven Verhaltenstherapie. So kann es schließlich nicht verwundern, dass sich in jüngster Zeit in der Psychologie eine wissenschaftlich fundierte »Weisheitstherapie« etablieren konnte, deren Instrumentarium eine Wiederbelebung antiker Weisheitslehren in modernen Fachausdrücken darstellt.[237]

Für dieses Zusammenspiel rationaler und emotionaler Aspekte bei der Erkenntnis und Umsetzung von Lebensweisheit finden wir in der griechischen Mythologie eine anschauliche Sage. Schon ihr Ausgangspunkt verdient Beachtung. Während das uns überlieferte antike Weisheitswissen fast ausschließlich von männlichen Philosophen stammt,[238] nennt uns der griechische Mythos für die Verkörperung der Weisheit nicht einen Gott, sondern zwei Göttinnen: Pallas Athene, die »Meistwissende, an Mut und klugem Rat dem Zeus gleich«, und ihre Mutter Metis, der »kluge Rat«[239], die »Bewirkerin aller gerechten Dinge«. Diese Metis soll nach der Sage die erste Gemahlin des Göttervaters Zeus gewesen sein. Ein Orakel verkündete dem Zeus, dass Metis überaus kluge Kinder haben werde, als Erstes die »eulenäugige« Pallas Athene. Wenn Metis aber einen Sohn gebären sollte, würde dieser Zeus stürzen, wie schon zuvor Zeus seinen Vater Kronos gestürzt hatte. »Daher lockte Zeus sie mit honigsüßen Worten auf sein Lager, öffnete plötzlich seinen Mund und verschlang sie. Dies war das Ende der Metis.«[240] Oder auch nicht, denn Zeus behauptete später, »sie säße in seinem Bauch« und gebe ihm Ratschläge. Es fällt schwer, ein besseres Bild für die von den Alten immer wieder eingeforderte »Verinnerlichung von Weisheit« zu finden, die uns in die Lage versetzt, ohne nachzudenken – »aus dem Bauch heraus« – stets das Richtige zu tun. Damit nicht genug. Pallas Athene war zum Zeitpunkt dieser Tat noch gar nicht geboren! Ihre Geburt aber vollzog sich nach dem Mythos folgendermaßen: Vielleicht bekam dem Zeus die Mahlzeit nicht, jedenfalls wurde er später von einem »tobenden Kopfschmerz« befallen. »Ihm schien, als ob sein Schädel bersten wollte. Er heulte vor Schmerz, bis das ganze Firmament erbebte. Da lief Hermes herbei, der sofort den Grund des Schmerzes erfasste. Er überredete Hephaistos oder, wie andere sagen, Prometheus, Hammer und Keil zu bringen und einen Spalt in den Schädel des Zeus zu schlagen; und diesem entsprang die voll bewaffnete Athene mit einem mächtigen Schrei.«[241]

Das Schöne an den alten Mythen ist, dass wir vieles aus ihnen herauslesen, aber auch in sie hineinlegen können. Als Erstes liegt es nahe, dass hier auf den intellektuellen Teil der Weisheit angespielt wird, das denkerische Erfassen der grundlegenden Einsichten, den ersten Teil von Senecas Philosophie. Pallas Athene entspringt dem Kopf des Zeus. Dass diese Weisheit nur unter heftigen Schmerzen erlangt wird, bestätigt der griechische Mythendichter Hesiod, wenn er sagt, dass der Weg zu Weisheit anfangs mühselig, steil und schwierig ist, und dies mit Worten umschreibt, die noch nach 2800 Jahren sprichwörtlich sind: »Vor die Vollendung jedoch haben die unsterblichen Götter den Schweiß gesetzt.«[242] Wir sollten uns also bemühen, um in der Weisheit voranzukommen.

Wenn diese göttliche Verkörperung der Weisheit dem Kopf des Göttervaters »mit einem mächtigen Schrei« entspringt, so erinnert das an die Plötzlichkeit, mit der uns manchmal erst nach langem Grübeln und vielen Erfahrungen eine Einsicht wie ein Geistesblitz ins Bewusstsein tritt. Sieben lange Jahre voller Askese und Selbstkasteiungen suchte Buddha vergeblich die Wahrheit. Dann legte er sich unter einen Baum und ruhte aus. Als er »erwachte«, da stand ihm die ganze Wahrheit vom Leben und Leiden, von der Erlösung und dem höchsten Glück des Menschen klar vor Augen. Er war »erleuchtet«. Als letzten Aspekt dieses bemerkenswerten Mythos sei hervorgehoben, dass Athene »voll bewaffnet« geboren wurde. Die Göttin der Weisheit, die »helläugige Athena«, wird auch die »Verteidigerin«, die »in vorderster Front Kämpfende«, die »Beschützerin«, die »Unüberwindliche« genannt. In einem übertragenen Sinne ist es genau das, was Weisheit leisten kann: Sie beschützt uns vor den Gefahren und hilft uns, die Herausforderungen des Lebens zu meistern, sie verteidigt unsere Seele vor Anfeindungen, denen wir vielfältig ausgesetzt sind. Sie macht unsere Seele zu einer »uneinnehmbaren Festung« (Marc Aurel), »unverletzlich« (Laotse). In der »unerschütterlichen Ruhe der glücklichen Seele« (Seneca)[243], dem antiken Ideal einer gelungenen Lebensführung, finden wir das vorgezeichnet, was die moderne Psychologie als Resilienz bezeichnet, die innere Widerstandsfähigkeit, die Fähigkeit, aus einem Zustand der Angst, Frustration, Verärgerung, Sorge, Enttäuschung, Trauer usw. wieder in die »Geborgenheit im eigenen Innern« *(Buch der Riten, Sitten und Gebräuche)* zurückzufinden. Von dort aus erkennen wir die Freuden und Schönheiten des Lebens und können sie am reinsten genießen.

Die oben wiedergegebene Auffassung Senecas vom

Nutzen einer Philosophie, die vom Mythos in eindrucksvoller Weise bestätigt wird und die es wagt, aus ihren Lehrsätzen und ethischen Überlegungen konkrete Ratschläge, Ermahnungen, Empfehlungen oder Warnungen abzuleiten und auszusprechen, wurde in der Antike auch von anderen Philosophen geteilt. Vor allem aber wurde sie von vielen praktiziert. Neben Seneca selbst seien hier beispielhaft genannt Demokrit, Isokrates, Epikur, Epiktet, Marc Aurel. Aber schon in der Antike war diese Auffassung keineswegs unbestritten. Ausgehend von der These des Sokrates, dass allein das gründliche Wissen des Guten ausreiche, dass wir das Gute auch tun, gab es sehr starke rationalistische Strömungen in der griechischen praktischen Philosophie, die den Einfluss psychologischer Seelenführung ablehnten und diese dem Bereich der Rhetorik und Sophistik zuwiesen. Es gab aber auch das andere Extrem, das die dialektische Reflexion und das systematische Philosophieren als abgehobene und praxisferne Theorie ablehnte und sich mit einem »philosophischen Predigen« begnügte. Wie dem auch sei, ich denke, dass Platon recht hatte, als er den Sokrates sagen lässt, man müsse »das Kind in uns«, das der Vernunft nicht folgen wolle und von Ängsten geplagt werde, »jeden Tag mit Zaubersprüchen zu heilen suchen, bis es wirklich geheilt ist«.[244] In die Seelen der Menschen müssten »Worte gepflanzt und gesät werden, die ihnen und dem, der sie gepflanzt, zu helfen imstande sind und nicht ohne Ertrag bleiben, sondern Früchte bringen ... und den Besitzer glücklich machen, soweit dies Menschen möglich ist«.[245]

Es bedarf einer »Verwurzelung des Wissens in der

emotionalen Sphäre«[246]. Die Worte müssen in die tieferen Schichten des Bewusstseins bis hinein in das Unterbewusste dringen, damit sie Emotionen und Antriebe
wecken, die uns Kraft und Motivation geben, die ausgetretenen Pfade zu verlassen, aus dem gewöhnlichen Trott
auszubrechen und etwas Neues zu wagen und auszuprobieren. Dass den Worten des Sokrates diese Kraft offenbar zukam, beweist die einzigartige Wirkung, die von
ihm auf die gesamte Geschichte der Philosophie bis auf
den heutigen Tag ausging. Sein Schüler Platon hat dies
schon früh erkannt. In dem Dialog »Gastmahl«, in dem
verschiedene bedeutende Reden über die Liebe gehalten
werden, lässt er am Ende den angesehenen Politiker Alkibiades eine Lobrede auf Sokrates halten. Was dort über
die Worte und Gesprächsführung des Sokrates gesagt
wird, umschreibt treffend, wenn auch ironisch zugespitzt, die Funktion und Wirkungsweise verdichteter
philosophischer Weisheit, wie sie der Idee des vorliegenden Buches zugrunde liegt:

»Wenn aber einer dich (Sokrates) hört oder deine Worte
durch eines andern Mund … so sind wir erschüttert und
bezaubert … Wenn ich ihn höre, dann springt mir das
Herz … und Tränen entströmen mir unter dem Eindruck seiner Worte …, (so) dass mir schien, das Leben sei
nicht lebenswert, wenn ich bliebe, wie ich bin.«[247] Sokrates' Worte hätten ihm das Innere der eigenen Seele aufgeschlossen, so »dass ich ohne Zaudern tun zu müssen
glaubte, was Sokrates von mir verlangte«.[248] Alkibiades
vergleicht sie mit dem Biss einer Natter, der den Gebissenen »vor Schmerz im Reden wie im Tun zum Äußersten

trieb … Ich aber bin von etwas gebissen, was noch weit größere Schmerzen macht, und bin es gerade an dem empfindlichsten Teile. Denn ins Herz oder in die Seele … hinein bin ich getroffen und gebissen worden von den Worten der Weisheit, welche, wenn sie ein jugendliches (aufgeschlossenes), nicht unbegabtes Gemüt ergreifen, sich grimmiger in ihm festbeißen als die Natter, und es zum Äußersten forttreiben in Rede und Tat.«[249]

Nach dem Ende der Antike geriet der von Seneca so vehement eingeforderte zweite Teil der Philosophie weitgehend in Vergessenheit. Zwar integrierte – wie bereits erwähnt – die christliche Religion und Theologie diese Form der Eingewöhnung in richtiges Verhalten und Denken in die Praxis ihrer spirituellen Übungen. In der neuzeitlichen Philosophie aber einigte man sich weithin auf die Meinung, dass Spruchweisheiten, Sentenzen, Zusammenfassungen und die anderen Mittel der psychologischen Einflussnahme auf die Seele und das Leben der Menschen nichts mit gediegener Philosophie zu tun haben, die überwiegend mit systematischem und akademischem Philosophieren gleichgesetzt wurde.

An dieser allgemeinen Ablehnung eines seelenleitenden Teils der Philosophie hat sich bis auf den heutigen Tag nichts geändert, wenn auch seit einigen Jahrzehnten in der akademischen praktischen Philosophie des Westens eine Wiederentdeckung und deutliche Aufwertung der antiken Vorstellungen vom guten Leben einschließlich der hier besprochenen Methode der »Seelenführung« festgestellt werden kann.[250]

Die chinesische Philosophie, in der der Weisheit als

Quintessenz der Lebenserfahrung von Generationen ein viel höherer Stellenwert zukommt als im Westen, scheint in diesem Punkt einen anderen Weg gegangen zu sein. Sie hat die große Bedeutung von überlieferten Weisheiten und ihrer gelungenen sprachlichen Verdichtung bis auf den heutigen Tag stets anerkannt und bewahrt. Aus den Weisheiten der klassischen philosophischen Schriften hat sich eine Sprichwortkultur gebildet, und es zählt als Zeichen eines gebildeten Chinesen, dieses Weisheitswissen sich eingeprägt zu haben und imstande zu sein, es jederzeit in seinem Reden, Denken und Handeln zu gebrauchen. Früh schon hatte Konfuzius seine Landsleute aufgefordert, vor drei Dingen Ehrfurcht zu haben: vor der Natur, vor großen Vorbildern und »vor den Worten der Weisen«.[251] Für alle Epochen des chinesischen Denkens gültig hat deren Bildungsideal der Philosoph Wang Fu aus dem zweiten nachchristlichen Jahrhundert auf den Punkt gebracht:

»Doch studiert man die Schriften der alten Weisen und sinnt nach über die tiefe Bedeutung des rechten Weges, so wird alles erkennbar ... und so gibt es auch nichts Besseres als die kanonischen Schriften, wenn man den rechten Weg in seinem Zeitalter sucht. Sie enthalten Regeln, welche die Weisen des Altertums niederlegten. Sie stellen die Essenz dessen dar, was die Weisen auf der Suche nach dem rechten Weg gefunden und in ihrem eigenen Handeln erprobt hatten ...«[252]

Die hier wiedergegebenen Lebensweisheiten finden sich auch in zahlreichen religiösen Texten in West und Ost. Wenn religiöse Texte in diese Sammlung gleichwohl nicht mit aufgenommen wurden – die indische Tradition ist ein Sonderfall –, so hat das verschiedene Gründe. Der eine ist, dass sich meine Kompetenz auf die antike Philosophie, nicht aber auf die Religion erstreckt. Diese Arbeit wird besser von Theologen geleistet und ist vielfach auch schon geleistet worden. Der sachliche Grund wiegt schwerer. Die Weisheiten in religiösen Texten wurzeln – soweit ich sehe – selten in einem »freien« und offenen Denken, das sich selbst und seine Grundlagen stets in Frage stellt und daher notwendig in der Schwebe bleibt.

Religiöse Texte fußen in Dogmen, festen Glaubenssätzen oder einer göttlichen Offenbarung. Der Denkprozess wird häufig mit dem Verweis auf einen Glaubenssatz oder ein überliefertes Wort Gottes abgebrochen. Das hat bei mir zeitlebens eine gewisse Frustration und das Gefühl der Unbefriedigtheit ausgelöst. Gut nachvollziehbar ist mir die Klage von Jaspers: »Zu den Schmerzen meines um Wahrheit bemühten Lebens gehört, dass in der Diskussion mit Theologen es an entscheidenden Punkten aufhört, sie verstummen, sprechen einen unverständlichen Satz, reden von etwas anderem, behaupten etwas bedingungslos ...«[253] Meinem hohen Respekt vor der Weisheit der Religionen und dem Wert ihrer ethischen Vorstellungen tat dies keinen Abbruch. Es hat mich aber stets von einer vertieften Beschäftigung mit

Religionen abgehalten und auf die Philosophie verwiesen, wo ich mich mit meiner Suche nach plausibler Wahrheit, tiefer Weisheit und einem guten Leben besser aufgehoben fühlte. Philosophische Weisheit ist undogmatisch und offen. Sie denkt aus dem Stand der Frage heraus und bleibt immer vorläufig.

Der Wert antiker praktischer Philosophie

Die ausgewählten Zitate beschränkten sich auf die Antike in West und Ost. Dort ist alles Wesentliche gesagt worden, was wir für ein gelingendes Leben brauchen, in der Regel tiefer, klarer und eindringlicher als in allen nachfolgenden Epochen. Die Weisheit habe seit Epikur keinen Schritt vorwärts getan, eher tausend Schritte zurück, meinte Nietzsche. Im Weisheitsdenken gibt es nichts Neues, nur der Irrtum ist neu. »In der Philosophie spricht Neusein gegen das Wahrsein. Wahrhaft Neues tritt in Jahrtausenden einmal auf.«[254] Mögen sich die philosophischen Systeme und die Begrifflichkeit im Laufe der Geschichte auch gewandelt und unendlich ausdifferenziert haben, mag dies in vielfältiger Weise die Wissenschaft und unsere Kultur bereichert haben – für die Art und Weise, wie wir uns in unserem täglichen Leben verhalten sollen, um mehr Freude zu haben und weniger unter seelischen Belastungen zu leiden, also auf dem Gebiet der Lebensweisheit, kann ich keine Fortschritte erkennen. Dies hat vielleicht damit zu tun, dass der Fokus der antiken Philosophie viel stärker, ja in manchen Epochen und Regionen nahezu ausschließlich auf der praktischen Lebensführung lag. Philosophie war damals nicht eine theoretische Disziplin oder ein bloßes Bildungsfach, sondern für die, die sie ernsthaft betrieben, eine Lebensform, die das ganze Denken, Fühlen und Handeln ergriff und unmittelbar auf die Lebenspraxis durchschlug. Die philosophischen Schulen waren zum großen Teil Lebensgemeinschaften, in denen das, was gelehrt, auch praktiziert wurde. Dadurch entstand eine Intensität des Denkens, Handelns und Diskutierens, die der Nährboden war für das Heraufkommen kulturstiftender Denker wie Sokrates, Konfuzius, Buddha und die einen Schatz an Weisheitswissen hervorbrachte, der alles einschließt und überragt, was später kam.

Entkleiden wir diese hier versammelten Aussprüche der historischen, geographischen und kulturellen Eigenheiten, so ist ihre Weisheit im Kern universal und geschichtslos und daher so aktuell wie zu jener Zeit, als sie ausgesprochen und niedergeschrieben wurden. Der Mensch und die menschlichen Probleme sind die gleichen geblieben. Demgegenüber geben uns gerade die historische und kulturelle Distanz, die ungewohnte Sprache und die ungebräuchlichen Ausdrücke, die uns im ersten Moment vielleicht fremd, ja unverständlich vorkommen, die Möglichkeit, Distanz zu unserer eigenen Lebenssituation herzustellen und quasi von außen auf uns zu schauen. Diese Distanz ist notwendig, damit wir aus den vielfältigen Verstrickungen und Eingebundenheiten des Alltagslebens bisweilen heraustreten können, um neu einzuschätzen und kritisch zu hinterfragen, was wir tun. Nur aus dieser Distanz heraus wird uns unser Leben verfügbar. Auf diese Weise können wir damit beginnen, es zu gestalten und nicht bloß das zu vollziehen, was die Umstände vermeintlich von uns erzwingen.

In der hohen Wertschätzung des überlieferten Weisheitswissens fühlt sich dieses Buch einer Tradition verpflichtet, die selbst mehr als zweieinhalbtausend Jahre alt ist und in die sich schon ein Konfuzius einreihte, der einmal sagte:

> *Ich übermittle, aber ich schaffe nichts Neues.*
> *Ich glaube an das Alte und liebe es.*[255]

ANMERKUNGEN

VORWORT

1 Konfuzius, Gespräche XVII 3
2 »quid rides? mutato nomine de te fabula narratur« ... Horaz, Satiren I 1, 69 f »Worüber lächelst du? Nur der Name ist verändert: Du bist der Held der Sage« (vorher war von den Qualen des Tantalos die Rede)
3 Vgl. Platon, Phaidros 260

SELBSTERKENNTNIS

4 Vgl. Plutarch, Von der Heiterkeit der Seele, S. 108-113
5 Platon, Des Sokrates Verteidigung 38A (Loewenthal)
6 Upanishaden, S. 224 ff, Chandogya-Up. 6,8-16
7 Laotse, 47
8 Patañjali, I 41
9 Capelle, S. 463
10 Luck, S. 378

VORSTELLUNGEN

11 Liä Dsi, VIII 32
12 Luck, S. 141 f (nach Epiktet)
13 Nestle, Die Sokratiker, S. 166
14 Luck, S. 260
15 Marc Aurel, 5,16
16 Luck, S. 67
17 Epiktet, S. 283, Handbüchlein 1

WEISHEIT

18 Luck, S. 148
19 Konfuzius, Gespräche, II 11 (Ü. Schwarz 1985); die alternative Übersetzung stammt von Moritz
20 Luck, S. 514, Anm. zu Nr. 550
21 Capelle, S. 442
22 Seneca, IV 151, Brief 95
23 Brunner, S. 407
24 Upanishaden, S. 355, Kathaka-Up. 3,14

LEBENSKUNST

25 Seneca, III 83, Brief 23
26 Durant, 1,396 (zehnte Tafel)
27 Diogenes Laertios, VI 65
28 Epikur, S. 59
29 Schwarz, S. 296; Liä Dsi, IV 7
30 Marc Aurel, 7,61
31 Durant, 8, 181: »Trotz all seiner Mängel ist er der größte Philosoph Roms und – zumindest in seinen Schriften – einer der weisesten und gütigsten Menschen.«
32 Seneca, IV 295, Brief 117
33 Xenophon, I 2 (48)
34 Pohlenz, S. 353, 366

ACHTSAMKEIT

35 Nestle, Die Sokratiker, S. 165 f
36 Zhuangzi, XIX 10
37 Buddha, S. 64
38 Buch der Riten, Sitten und Gebräuche, S. 59
39 Bissing, S. 111
40 Brunner, S. 332

41 Brunner, S. 334

42 Konfuzius, Gespräche, XVI 10 (Ü. Schwarz 1985)

43 Bissing, S. 164; »Oasenbewohner« bei Brunner, S. 358

VITA ACTIVA

44 Epikur, S. 109

45 Bhagavadgita, 3,3-4

46 Capelle, S. 444; Übersetzung »so sehr auf sich achtgeben« aus Nestle, Die Vorsokratiker, S. 159

47 Seneca, II 53 (Von der Muße)

48 Zhuangzi, XVI 3

49 Demandt, S. 52

50 Hesiod, Werke und Tage, S. 303 ff

AUFRICHTIGKEIT

51 Konfuzius, Schulgespräche, 37,1

52 Buch der Riten, Sitten und Gebräuche, S. 55 f

53 Buch der Riten, Sitten und Gebräuche, S. 260

54 Etwa Anaxagoras, Nestle, Die Vorsokratiker, S. 43

55 Mong IV A 12

56 Upanishaden, S. 289, Taittiriya-Up. 1,9

57 Siehe Anm. des Übersetzers (Deussen), ebenda

58 Bissing, S. 113; statt »Menschen« steht im Text »Mannes«

59 Brunner, S. 222 f; statt »Mensch« steht im Text »Mann«

GELASSENHEIT

60 Homer, Od. 20,18; vgl. auch Homer, Il. 5,382

61 Brunner, S. 293

62 Marc Aurel, 10,14; im Text steht »Mann« für »Mensch«

63 Luck, S. 149

64 Liä Dsi, I 12

65 Vgl. Zhuangzi, III 4

66 Zhuangzi, VI 3

67 Seneca, II 90 f (Von der Gemütsruhe)

FREIHEIT

68 Nestle, Griechische Lebensweisheit und Lebenskunst, S. 62

69 Zhuangzi, XII 15

70 Luck, S. 109

71 Patañjali, II 10 und S. 100

72 Aristoteles, Metaphysik, I 2; vgl. Durant, 13, 240 f (Thomas von Aquin)

73 Vgl. Aristoteles, Nikomachische Ethik, III 6, 1113a2 ff

74 Upanishaden, S. 247, Chandogya-Up. 7,25,2

75 Shankara, S. 43

SELBSTGENÜGSAMKEIT

76 Mong VII B 35; statt »Mensch« steht in der Übersetzung »Mann«

77 Straub, S. 503

78 Seneca, IV, 164, Brief 95 (Terenz); vgl. Nestle, Griechische Lebensweisheit und Lebenskunst, S. 239 und Straub, S. 505 (beide zu Menandros)

79 Diogenes Laertios, II 115

80 Boethius, S. 29

81 Bissing, S. 82

82 Seneca, II 202 f

83 Liä Dsi, VI 5

84 I Ging, S. 213

HARMONIE

85 Konfuzius, Schulgespräche, 15,6

86 Aristoteles, Politik, VIII 5 aE: »besäße eine Harmonie«

87 Capelle, S. 483; vgl. Platon, Phaidon, 86B/C

88 Schwarz, S. 337; vgl. Übersetzung Wilhelm in: Buch der Riten, Sitten und Gebräuche, S. 32 f mit wichtigen Anmerkungen. Die Worte der »Edle« und der »Weise« sind zwar nicht dasselbe, werden aber häufig im gleichen Sinne verwendet, vgl. ebenda, S. 252 ff

89 Shankara, S. 101

90 Vgl. Deshpande, in Patañjali, S. 127 ff, 188, 190

91 Platon, Phaidros, 279A/B (Apelt)

92 Brunner, S. 205

93 Brunner, S. 203

94 Wikipedia, »Kleobulos von Lindos«

MITTE

95 Aristoteles, Nikomachische Ethik, 2,2 (1104a12 ff); statt »mittleres Maß« steht in der Übersetzung »Mittelmaß«

96 Dazu Snell, Die Entdeckung des Geistes, S. 154

97 Upanishaden, S. 355, Kathaka-Up. 3, 14 (Übersetzung geändert)

98 Upanishaden, S. 319, Maha-Narayana-Up. 8,1 (Übersetzung geändert)

99 Mong, VII A 26

100 Ebenda, Anm. 26

101 Buddha, S. 32 f

102 Nestle, Die Sokratiker, S. 253

103 Zhuangzi, XIX 5

104 Konfuzius, Gespräche, XI 16

105 Geldsetzer, S. 161

SAMMLUNG

106 Zhuangzi, XXIII 3

107 Patañjali, I 2-3

108 Ebenda, I 4

109 Luck, S. 367 (Gellius zu Favorin)

110 Wikipedia, »Goldene Verse«, Vers 40-45

111 Demandt, S. 90

112 Fritz, S. 13

113 Seneca, III 96, Brief 25

BESITZ

114 Diogenes Laertios, II 25

115 Patañjali, II 39

116 Laotse, 44

117 Durant, 6, 87

118 Durant, 6, 87; Diogenes Laertios, II 75

119 Luck, S. 175

120 Plutarch, Luck, S. 204

121 Brunner, S. 120

FREUNDSCHAFT

122 Konfuzius, Schulgespräche, 15,2

123 Aristoteles, Nikomachische Ethik, IX 12, 1172a12; Zitat von Theognis, 35 f

124 Aristoteles, Nikomachische Ethik, IX 9, 1170a12

125 Shankara, S. 51

126 Xenophon, I 6 (14)

127 Durant, 7, 297

128 Luck, S. 123

129 Mong V B 8; statt »Mensch« steht im Text »Mann«

130 Diogenes Laertios I 106

131 Platon, Protagoras 343A

132 Liä Dsi, VIII 7

133 Konfuzius, Schulgespräche, 7,7; statt »weiser Mensch« steht im Text »Ritter und gütiger Mann«

134 Wikipedia »Kairos«; nach Gründel, Kairos, in: Lexikon für Theologie und Kirche, Bd. 5, Freiburg 1996, Sp. 1129-1131

135 Bissing, S. 109

136 Homer, Od. 20,22 ff, zitiert nach Hermann Fränkel, Dichtung und Philosophie des frühen Griechentums, New York, Frankfurt am Main 1951, S. 124

137 Ebenda (Fränkel), S. 131

138 Liä Dsi, VI 3

MASSHALTEN

139 Euryximachos in Platon, Symposion, 187 E

140 Snell, Die Entdeckung des Geistes, S. 154; das griechische Wort für Besonnenheit, »sophrosýne«, setzt sich zusammen aus den Worten »gesund« und »denken«

141 Hesiod, Werke und Tage, 694

142 Konfuzius, Gespräche, VI 29; im Text steht »Tugend« statt »Weisheit«; ich setze auch sonst beide Begriffe gleich, »weil die Weisheit gleichsam die Seele jeder Tugend ist« (Apelt, Anm. 78 zu Platon, Staat, 444 C ff)

143 Straub, S. 87

144 Nestle, Griechische Lebensweisheit und Lebenskunst, S. 20

145 Bhagavadgita, 2,57

146 Rüdiger, S. 164, Nem. 6, 127 ff (6. Nemeische Ode)

147 Laotse, 29, statt der »Weise« steht im Text der »Berufene«

SEELENRUHE

148 Konfuzius, Gespräche, VII 37; Übersetzung des Leitsatzes in Anlehnung an Wilhelm (1910). Statt »Der Weise« steht im Text »Der Edle«.

149 Epikur, S. 102 f

150 Seneca, III 327, Brief 78

151 Bissing, S. 110

152 Seneca, III 59, Brief 17

153 hier zitiert nach Schwarz, S. 334 f

154 Upanishaden, S. 330, Maha-Narayana-Up. 63,4 f

NATUR

155 Bhagavadgita, 3,27

156 Glasenapp in der Einleitung zur Bhagavadgita, S. 5 f

157 Epikur, S. 107

158 Vgl. Krautz, Epikur: Briefe, Sprüche, Werkfragmente, Stuttgart 1980, S. 83: »Veranlagung«

159 Bissing, S. 117

160 Zhuangzi, XXIII 1

161 Platon, Philebos, 31 (Apelt)

162 Buch der Riten, Sitten und Gebräuche, S. 49; statt »Weiser« steht im Text »Edler«

163 Marc Aurel, 2,16

ANGST

164 Bissing, S. 84

165 Nestle, Die Nachsokratiker, II 96

166 Shankara, S. 40 f

167 Schwarz, S. 222

168 Schwarz, S. 236 f

169 Buch der Sitten, Riten und Gebräuche, S. 177

170 Nestle, Die Nachsokratiker, II 355 f

GESUNDHEIT

171 Platon, Staat 403 (Apelt); statt »weise« steht im Text »rechtschaffene«

172 Der Ausspruch »mens sana in corpore sano« (Juvenal) hatte ursprünglich aber eine andere Bedeutung; ganz im heutigen Sinne Sokrates': »Wer weiß nicht, dass auch beim Denken, wo der Körper doch scheinbar nur ganz wenig vonnöten ist, nur deshalb viele schwer in die Irre gehen, weil dieser nicht gesund ist?« Xenophon, III 12(6)

173 Liä Dsi, VI 6

174 Patañjali, I 31

175 Brunner, S. 326 f

176 Zhuangzi, XXVI 9

177 Schwarz, S. 265

178 Brunner, S. 290

GEWOHNHEIT

179 Aristoteles, Eudemische Ethik, II 2 1220b1 ff

180 Buch der Riten, Sitten und Gebräuche, S. 95; im Text steht »der Edle« für »der Weise«

181 Luck, S. 303

182 Luck, S. 304

183 Konfuzius, Gespräche XVII 2 (Wilhelm 1910); dort steht »Übung« statt »Gewohnheit«, Schwarz (1985) übersetzt »Gewohnheit«

184 Buch der Riten, Sitten und Gebräuche, S. 172

185 Platon, Staat 395 (Loewenthal)

186 Buch der Riten, Sitten und Gebräuche, S. 93

MITGEFÜHL – MENSCHLICHKEIT

187 Bissing, S. 110
188 Seneca, IV 164, Brief 95; das Dichterwort stammt von Terenz, der es möglicherweise von Menander hat
189 Bhagavadgita, 12,4
190 Seneca, I 109 (Vom Zorn, II 10)
191 Schwarz, S. 228
192 Plutarch, Lebensklugheit und Charakter, S. 170
193 Brunner, S. 267

LIEBE

194 Luck, S. 251 f
195 Patañjali, I 33
196 Luck, S. 61
197 Seneca, Epistulae morales ad Lucilium Liber XIX, Stuttgart 1999, Brief 116 Kap. 5
198 Buch der Riten, Sitten und Gebräuche, S. 260
199 Nestle, Die Nachsokratiker, II 69
200 Fritz, S. 329

VERGÄNGLICHKEIT

201 Bissing, S. 141; im Text steht »Weiber« statt »Frauen«
202 Shankara, S. 90
203 Buddha, S. 77; Text geringfügig geändert
204 Epiktet, Unterredungen, III 23, hier zitiert nach Luc Ferry, Leben lernen: Eine philosophische Gebrauchsanweisung, München 2006, S. 62 f
205 Schwarz, S. 291 ff = Liä Dsi, I 4
206 Demokrit, S. 29, Fr. 285
207 Nestle, Die Vorsokratiker, S. 111
208 Diogenes Laertios, II 22

209 Mong, VII A 21 (und Anm. 21); im Text steht der »Edle« statt der »Weise«

210 Buch der Riten, Sitten und Gebräuche, S. 105

211 I Ging, S. 326

212 Luck, S. 112 (Gnomologium Vaticanum)

213 Ohnehin passt der Ausspruch besser zu Epikur als zu Diogenes

214 Epikur, S. 163; Text geringfügig geändert

215 Bhagavadgita, 17,16

216 Andere Übersetzungen sind »geistige Askese« (Mylius), »austerity of the mind« (Swami Paramananda)

217 Seneca, II 103 f (Von der Gemütsruhe)

NACHWORT

218 »Das Bewusstwerden dieser Grenzsituationen ist nach dem Staunen und dem Zweifel der tiefere Ursprung der Philosophie«, Jaspers, Was ist Philosophie?, München 1980, S. 41

219 Jaspers, Von der Weite des Denkens. Eine Auswahl aus seinem Werk, hrsg. von Hans Saner, München 2008, S. 63

220 Bhagavadgita, 15,15

221 Xenophon, I 6 (14)

222 Erasmus von Rotterdam, der die antike Tradition der Spruchsammlungen wiederbelebte, um das »Gold des klassischen Geistes« der Vergessenheit zu entreißen, verglich die Sprüche der Weisen mit den Orakeln der Götter, Schalk, in: Die französischen Moralisten, übersetzt und herausgegeben von Fritz Schalk, 2. Aufl., Bremen 1980, S. 26 und 23

223 Bhagavadgita, S. 8

224 Schalk, a. a. O., S. 25

225 Xenophon, S. 171 (Nachwort)

226 Snell, Leben und Meinungen der Sieben Weisen, S. 71

227 Goethe, Sämtliche Werke nach Epochen seines Schaffens (Münchner Ausgabe) 19, 553 f (zu Eckermann, 1. April 1827)

228 Ebenda, 17, 838 f (MuR 658)

229 Brief an Boisserée, 16. Juli 1818, Goethes Briefe, hrsg. von Karl Robert Mandelkow (Hamburger Ausgabe), München 1988, Bd. III 435 f

230 Zu Grüner 1823, Emil Ludwig, Goethes Lebensweisheit, Berlin u. a. 1931, S. 118

231 Goethe, a. a. O. 17, 860 (MuR, 792)

232 Aus: Dichtung und Wahrheit, Motto des Buches: Emil Ludwig, Goethes Lebensweisheit, Berlin u. a. 1931

233 Brief an Johann Heinrich Voss den Jüngeren, Sohn des berühmten gleichnamigen Homer-Übersetzers, 20. Juli 1821, Goethes Briefe, hrsg. von Karl Robert Mandelkow (Hamburger Ausgabe), München 1988, Bd. III 511

234 Epiktet: »Und Philosophieren heißt dies: die Maßstäbe prüfen und festsetzen. Sie aber dann aufgrund solcher Erkenntnis im Einzelnen richtig anwenden, das ist Sache des echten Philosophen.« Epiktet, Teles und Musonius. Wege zum glückseligen Leben, übertragen und eingeleitet von Wilhelm Capelle, Zürich 1948, S. 188 (Dia II 11). Vgl. Jaspers: »Das Philosophieren hat gleichsam zwei Flügel, der eine schlägt in der Anstrengung des mitteilbaren Denkens, in der Lehre eines Allgemeinen, der andere schlägt mit solchem Denken in der Existenz des Einzelnen. Nur beide Flügel gemeinsam gewinnen den Aufschwung. In der Besinnung denkender Aneignung wird Klarheit gewonnen für das, was Wirklichkeit nur hat in der Lebenspraxis.« Jaspers, Von der Weite des Denkens. Eine Auswahl aus seinem Werk, hrsg. von Hans Saner, München 1983, 2008, S. 68

235 (Sall. Iug. c. 10)

236 Seneca, IV 137, Brief 94

237 Etwa Bauman/Linden, Weisheitskompetenzen und Weisheitstherapie, Lengerich 2008

238 Eine Ausnahme scheinen die indischen Upanishaden zu bilden, an deren Entstehung auch weise Frauen beteiligt gewesen sein sollen, Easwaran Eknath, S. 16

239 Hesiod, S. 173 (Nachwort): »Metis: bedeutet Klugheit, Einsicht, Überlegung, Verstand, kluger Rat, Ratschluss. Die Mutter der

Athene ist also wohl rein als Abstraktion, die ›Weisheit‹, zu nehmen.«

240 Ranke-Graves, S. 37 f

241 Ebenda

242 Hier zitiert nach Xenophon, II 1(20)

243 Seneca, I 114 (Vom Zorn II 12); schon in der Antike ist diese Seelenverfassung immer wieder als die »Unerschütterlichkeit des Weisen« beschrieben worden

244 Platon, Phaidon 77 (Apelt)

245 Platon, Phaidros 276 f (Apelt)

246 I. Hadot, 22, 16 und passim; dieser Arbeit verdanke ich viel für die hier entwickelten Gedanken

247 Gastmahl 216, hier zit. nach Walther Kranz, Die griechische Philosophie, Leipzig ²1986, S. 126

248 Platon, Gastmahl 216 (Loewenthal)

249 Ebenda, 218

250 Eingeleitet vor allem durch die Arbeiten von Michel Foucault, Pierre Hadot und Ilsetraut Hadot

251 »Konfuzius sprach: Der Edle hat vor drei Dingen Ehrfurcht: vor dem Befehl des Himmels (Natur), vor den großen Männern (Vorbild, Autorität) und vor den Worten der Weisen.« Konfuzius, Gespräche, XVI 8

252 Schwarz, S. 355

253 Jaspers, Von der Weite des Denkens. Eine Auswahl aus seinem Werk, hrsg. von Hans Saner, München 2008, S. 84

254 Jaspers, Von der Weite des Denkens. Eine Auswahl aus seinem Werk, hrsg. von Hans Saner, München 1983, 2008, S. 71

255 Konfuzius, Gespräche, VII 1, vgl. ebenda VII 20,25; XI 20; XV 31

BIOGRAPHISCHE ANGABEN
zu den zitierten Philosophen

Anacharsis um 600 v. Chr., legendärer skythischer Fürst, der zu Bildungszwecken Griechenland bereiste und dem Kreis der »Sieben Weisen« zugerechnet wurde

Anaxagoras 499–428 v. Chr., griechischer Philosoph, bedeutender Vorsokratiker

Antisthenes ca. 445–365 v. Chr., bedeutender griechischer Philosoph, Schüler des Sokrates und mit Diogenes von Sinope Begründer der kynischen Schule

Archilochos ca. 680–645 v. Chr., einer der ersten griechischen Lyriker, sein Einfluss auf die spätere Lyrik wird mit dem Homers verglichen

Aristippos von Kyrene (Aristipp) ca. 435–355 v. Chr., bedeutender griechischer Philosoph, Schüler des Sokrates und Begründer der kyrenaischen Schule

Aristoteles 384–322 v. Chr., neben seinem Lehrer Platon der bedeutendste Philosoph der abendländischen Antike

Atticus, Titus Pomponius 110–32 v. Chr., reicher römischer Patrizier und enger Freund Ciceros

Bion von Borysthenes ca. 335–245 v. Chr., griechischer Philosoph der kynischen Schule, der einige Jahre als Wanderlehrer auftrat

Boethius (Anicius Manlius Severinus Boethius) ca. 480–526 n. Chr., spätantiker Philosoph

Buddha (Siddhartha Gautama) ca. 563–483 v. Chr., Bezeichnung aus dem Sanskrit für einen Erleuchteten, Begründer des Buddhismus

Catull (Gaius Valerius Catullus) 1. Jh. v. Chr., römischer Dichter

Chrysippos von Soloi ca. 281–208 v. Chr., griechischer Philosoph, bedeutender Vertreter der Stoa

Cicero, Marcus Tullius 106–43 v. Chr., römischer Redner, Politiker, Schriftsteller und Philosoph

Demetrios 1. Jh. n. Chr., kynischer Philosoph aus Korinth, Freund Senecas

Demokrit ca. 460–370 v. Chr., bedeutender griechischer Philosoph, der mit Leukipp als der Begründer der Atomistik gilt

Demonax 2. Jh. n. Chr., griechischer Weiser und Philosoph der kynischen Schule

Diogenes Laertios 2./3. Jh. n. Chr., Philosophiehistoriker

Diogenes von Sinope ca. 400–323 v. Chr., bedeutender griechischer Philosoph, mit Antisthenes Begründer der kynischen Schule

Epiktet ca. 50–130 n. Chr., bedeutender Vertreter der späten Stoa, kam als Sklave aus Kleinasien nach Rom, hatte großen Einfluss u. a. auf Marc Aurel und christliche Autoren

Epikur 341–270 v. Chr., bedeutender griechischer Philosoph und Begründer der epikureischen Schule

Heraklit von Ephesos (Herakleitos) ca. 550–480 v. Chr., einer der bedeutendsten Vorsokratiker, der bis heute weitreichenden Einfluss ausübte

Herodot ca. 490–424 v. Chr., griechischer Historiker und Völkerkundler, »Vater der Geschichtsschreibung« (Cicero)

Hesiod um 700 v. Chr., griechischer Dichter, dessen Werke neben Homer eine Hauptquelle für die griechische Mythologie darstellen, einer der ersten Verfasser eines Lehrgedichts

Homer etwa 8. Jh. v. Chr., wohl aus Kleinasien stammender griechischer Dichter, Schöpfer der »Ilias« und der »Odyssee«, die als der Beginn der europäischen Kultur- und Geistesgeschichte angesehen werden können

Kaibara Ekiken 1630–1714, japanischer Neo-Konfuzianer und Gelehrter

Kerkidas von Megalopolis ca. 3. Jh. v. Chr., griechischer Schriftsteller und Politiker

Kleobulos von Lindos 6. Jh. v. Chr., gemäßigter Tyrann von Lindos und einer der »Sieben Weisen«

Konfuzius (Kung-tse, K'ung-tzu, Kongzi, Kungfutse) 551–479 v. Chr., bedeutendster chinesischer Philosoph, dessen Wirkung bis heute andauert

Krates von Theben ca. 365–285 v. Chr., griechischer Philosoph, der sein Vermögen verschenkte und Kyniker wurde, Schüler des Diogenes von Sinope

Laotse (Laozi, Lao-tzu) 6. Jh. v. Chr., legendärer chinesischer Philosoph, dem das Buch Daodejing (Tao Te King) zugeschrieben wird und der als Begründer des Daoismus (Taoismus) gilt

Liezi (Liä Dsi, Lieh-tzu) ca. 5. Jh. v. Chr., daoistischer Philosoph

Lü Buwei (Lü Bu We, Lü Pu-wei) ca. 300–235 v. Chr., chinesischer Kaufmann, Politiker und Philosoph

Lucilius (Lucilius Iunior) 1. Jh. n. Chr., römischer Patrizier, bekannt durch die Briefe Senecas an ihn

Marc Aurel 121–180 n. Chr., römischer Kaiser und stoischer Philosoph, dessen »Selbstbetrachtungen« große Wirkung auf die Nachwelt ausübten

Menandros (Menander) ca. 342–290 v. Chr., bedeutender griechischer Komödiendichter

Menzius (Mengzi, Meng-Tse, Mong Dsi, Mong Ko) ca. 370–290 v. Chr., chinesischer Philosoph, einer der bedeutendsten Nachfolger des Konfuzius

Musonius (Gaius Musonius Rufus) ca. 30–100 n. Chr., bedeutender römischer Philosoph und Lehrer der stoischen Richtung

Myson von Chen, Landmann, der später von Platon zu den »Sieben Weisen« gezählt wurde

Panaitios von Rhodos ca. 180–110 v. Chr., griechischer Philosoph, der zur Verbreitung des Stoizismus in Rom beitrug

Patañjali 5. oder 2. Jh. v. Chr., indischer Gelehrter und Verfasser der Yoga-Sutras, der grundlegenden Schrift zur Philosophie und Praxis des Yoga

Philon von Alexandria ca. 15 v. Chr.–40 n. Chr., jüdischer Philosoph und Theologe

Pindar (Pindaros) ca. 522–445 v. Chr., bedeutender griechischer Lyriker aus Böotien

Platon 427–348/347 v. Chr., neben Aristoteles der bedeutendste Philosoph der abendländischen Antike, Schüler des Sokrates

Plutarch ca. 45–125 n. Chr., griechischer Schriftsteller, dessen philosophische und historische Schriften von weitreichender Wirkung waren

Poseidippos von Pella ca. 310–240 v. Chr., hellenistischer Dichter

Poseidonios 135–51 v. Chr., bedeutender griechischer Philosoph der Stoa, Schüler des Panaitios

Ptahhotep (Ptah-hotep), ca. 2350 v. Chr., ägyptischer Wesir der 5. Dynastie

Pythagoras ca. 570–500 v. Chr., griechischer Philosoph, der in Unteritalien die philosophische Schule und religiös-ethische Gemeinschaft der Pythagoreer begründete

Seneca, Lucius Annaeus ca. 4 v. Chr.–65 n. Chr., einer der bedeutendsten römischen Philosophen und Stoiker, Erzieher Neros, Staatsmann

Shankara ca. 788–820 n. Chr., einer der bedeutendsten Philosophen Indiens, religiöser Lehrer und einflussreicher Interpret der Veden

Shenzi (Shen Buhai, Shen Tzu, Schen Dse) ca. 385–337 v. Chr., chinesischer Philosoph und Politiker

Sieben Weisen von der Nachwelt so bezeichnete Gruppe hochstehender Persönlichkeiten der griechischen Antike, die im 7. und 6. Jh. v. Chr. durch ihre Weisheitssprüche bekannt wurden

Sokrates ca. 470–399 v. Chr., einer der bedeutendsten griechischen Philosophen, Lehrer des Platon; auf ihn beziehen sich fast alle philosophischen Schulen der griechisch-römischen Antike

Solon ca. 640–560 v. Chr., griechischer Staatsmann und Dichter, einer der »Sieben Weisen«, gab Athen bedeutende Gesetze und Weisheiten

Stilpon 3./4. Jh. v. Chr., griechischer Philosoph aus Megara

Teles von Megara 3. Jh. v. Chr., griechischer Philosoph der kynischen Schule

Terenz (Publius Terentius Afer) ca. 180–158 v. Chr., römischer Komödiendichter

Thales von Milet ca. 624–547 v. Chr., griechischer Philosoph, Mathematiker und Astronom, gilt als erster Philosoph des Abendlandes

Theognis von Megara ca. 6. Jh. v. Chr., griechischer Dichter, der wegen seiner Spruchdichtungen Berühmtheit erlangte

Theophrastos ca. 371–287 v. Chr., griechischer Philosoph und Naturforscher

Vivekananda 1863–1902, hinduistischer Mönch und Gelehrter

Xenophon ca. 426–355 v. Chr., Geschichtsschreiber, Schriftsteller und Philosoph, Schüler des Sokrates

Xunzi (Hsün-Tse, Hsün-Tzu) ca. 298–220 v. Chr., bedeutender chinesischer Philosoph, dessen Lehren dem Konfuzius nahestehen

Zenon von Kition ca. 334–263 v. Chr., griechischer Philosoph, Schüler des Kynikers Krates und Begründer der Schule der Stoiker

Zhuangzi (Chuang-tzu, Dschuang Dsi) ca. 365–290 v. Chr., Daoist und einer der bedeutendsten chinesischen Philosophen der Antike

LITERATUR ZUM EINSTIEG

Bhagavadgita, übersetzt von Robert Boxberger, neu bearbeitet und herausgegeben von Helmuth von Glasenapp, Stuttgart 2008

Demokrit, Fragmente zur Ethik, neu übersetzt und kommentiert von Gred Ibscher, Stuttgart 1996

Epikur, Philosophie des Glücks, übersetzt von Bernhard Zimmermann, München 2006

Konfuzius, Gespräche, herausgegeben und übersetzt von Ralf Moritz, Reclam, Ditzingen 2005

Marc Aurel, Selbstbetrachtungen, übersetzt und eingeleitet von Albert Wittstock, Stuttgart 2009

Patañjali, Die Wurzeln des Yoga, Übertragung von Bettina Bäumer, mit einem Kommentar von P. Y. Deshpande, Bern u.a. [7]1993

Seneca, Vom glückseligen Leben und andere Schriften, herausgegeben von Peter Jaerisch, übersetzt von Ludwig Rumpel, Stuttgart 1986

Zhuangzi, Das wahre Buch vom südlichen Blütenland, übersetzt von Richard Wilhelm, Neuausgabe Kreuzlingen, München 2006

VERWENDETE LITERATUR

Aristoteles, *Die Nikomachische Ethik*, übersetzt und herausgegeben von Olof Gigon, München 1972, zitiert nach Buch (röm. Ziff.) und Kapitel (arab. Ziff.); gelegentlich auch Übersetzung Dirlmeier, Aristoteles, *Nikomachische Ethik*, Berlin 1957

— *Einführungsschriften*, eingeleitet und übertragen von Olof Gigon, Lizenzausgabe des Deutschen Bücherbundes, Stuttgart ohne Jahresangabe

— *Eudemische Ethik*, übersetzt von Franz Dirlmeier, Berlin 1962, zitiert nach Buch (röm. Ziff.) und Abschnitt (arab. Ziff.)

— *Metaphysik*, übersetzt und herausgegeben von Franz F. Schwarz, Reclam, Stuttgart 1970, zitiert nach Buch (röm. Ziff.) und Kapitel (arab. Ziff.)

— *Politik*, übersetzt und herausgegeben von Olof Gigon, München ²1976, zitiert nach Buch (röm. Ziff.) und Kapitel (arab. Ziff.)

Bhagavadgita, übersetzt von Robert Boxberger, neu bearbeitet und herausgegeben von Helmuth von Glasenapp, Stuttgart 1955, zitiert nach Gesang (arab. Ziff.) und Vers (arab. Ziff)

— *Bhagavadgita*, übersetzt und herausgegeben von Klaus Mylius, Wiesbaden, Leipzig ohne Jahresangabe

Bissing, Friedrich Wilhelm von, *Ägyptische Lebensweisheit*, Zürich 1955

Boethius, *Trost der Philosophie*, übersetzt von Karl Büchner, Leipzig ohne Jahresangabe

Brunner, Hellmut, *Die Weisheitsbücher der Ägypter. Lehren für das Leben*, übersetzt und erläutert von Hellmut Brunner, Düsseldorf, Zürich 1991

Buch der Riten, Sitten und Gebräuche, *Li Gi. Das Buch der Riten, Sitten und Gebräuche*, herausgegeben und übersetzt von Richard Wilhelm, Köln 2007

Buddha, *Reden des Buddha*, aus dem Pâli-Kanon übersetzt von Ilse-Lore Gunsser, Stuttgart 1957

Capelle, Wilhelm, *Die Vorsokratiker*, übersetzt und eingeleitet von Wilhelm Capelle, Stuttgart 1968

Demandt, Alexander, *Sokrates antwortet*, aus dem »Gnomologicum Vaticanum« übersetzt von Alexander Demandt, Düsseldorf 2005

Demokrit, *Fragmente zur Ethik*, übersetzt von Gred Ibscher, Stuttgart 2007

Diels, Hermann / Kranz, Walther, *Die Fragmente der Vorsokratiker,* Berlin [6]1951/1952, 3 Bände, zitiert nach Kapitel (arab. Ziff.), Abteilung (großer Buchstabe) und Abschnitt (arab. Ziff.)

Diogenes Laertios, *Leben und Meinungen berühmter Philosophen*, übersetzt von Otto Apelt, Hamburg [3]1990, zitiert nach Buch (röm. Ziff.) und Paragraph (arab. Ziff.)

Durant, Will, *Kulturgeschichte der Menschheit*, in 25 Bänden, Editions Rencontre Lausanne ohne Jahresangabe, zitiert nach Band (arab. Ziff.) und Seite (arab. Ziff.)

Easwaran, Eknath, *Die Upanischaden,* eingeleitet und übersetzt von Eknath Easwaran, München 2008

Epiktet, *Unterredungen und Handbüchlein der Moral*, herausgegeben von Alexander von Gleichen-Rußwurm; zitiert nach Seite sowie Titel, Buch (röm. Ziff.) und Kapitel (arab. Ziff.), bei Handbüchlein der Moral nur Abschnitt (röm. Ziff.)

– *Epiktet, Teles und Musonius. Wege zum glückseligen Leben*, übertragen und eingeleitet von Wilhelm Capelle, Zürich 1948, in Klammern Angabe der Diatribe

Epikur, *Von der Überwindung der Furcht*, übersetzt von Olof Gigon, München 1991

Fritz, Karl August, *Weisheiten der Völker,* Köln 2003

Geldsetzer, Lutz / Han-ding Hong, *Chinesische Philosophie*, Stuttgart 2008

Hadot, Ilsetraut, *Seneca und die griechisch-römische Tradition der Seelenleitung,* Berlin 1969

Hesiod, *Sämtliche Werke*, übersetzt von Thassilo von Scheffer, Wiesbaden 1947, zitiert nach Werk und Vers (arab. Ziff)

Homer, *Ilias und Odyssee*, übersetzt von Johann Heinrich Voß, diverse Ausgaben, zitiert nach Epos (Il./Od.), Buch und Vers (beides arab. Ziff.)

Horaz, *Sämtliche Werke,* Lateinisch – Deutsch, hrsg. von Hans Färber, übersetzt von Hans Färber, Wilhelm Schöne u. a., München 1957

I Ging, *Text und Materialien*, übersetzt von Richard Wilhelm, München [15]1988

Konfuzius, *Gespräche*, herausgegeben und übersetzt von Ralf Moritz, Reclam, Ditzingen 2005, zitiert nach Kap. (röm) und Abschnitt (arab); teilweise wird auf die Übersetzung von Richard Wilhelm (1910) oder Hans O. H. Stange (1953) oder Ernst Schwarz (1985) zurückgegriffen

- Kungfutse, *Schulgespräche*, übersetzt von Richard Wilhelm, Düsseldorf, Köln 1961, zitiert nach Kapitel und Abschnitt (beides arab. Ziff.)

Laotse, *Tao Te King*, übersetzt von Richard Wilhelm, München 1998, zitiert nach Abschnitt (arab. Ziff.); wo aus der Einleitung oder dem Kommentar zitiert wird, nach Seite

Liä Dsi, *Das wahre Buch vom quellenden Urgrund*, übersetzt von Richard Wilhelm, Düsseldorf, Köln 1968, zitiert nach Buch (röm. Ziff.) und Kapitel (arab. Ziff.)

Luck, Georg, *Die Weisheit der Hunde*, Stuttgart 1997

Marc Aurel, *Selbstbetrachtungen*, übertragen mit einer Einleitung von Wilhelm Capelle, Stuttgart 1948, zitiert nach Buch und Abschnitt (beides arab. Ziff.), bei röm. Ziff. ist das Vorwort gemeint; Marc Aurel, *Selbstbetrachtungen*, Übersetzung Albert Wittstock, Stuttgart 2009

Mong Dsi, *Mong Dsi (Mong Ko)*, übersetzt von Richard Wilhelm, Jena 1916, zitiert nach Band (röm. Ziff.), Abschnitt (Buchstabe) und Kapitel (arab. Ziffer)

Nestle, Wilhelm, *Die Nachsokratiker*, herausgegeben und eingeleitet von Wilhelm Nestle, 2 Bde, Jena 1923, zitiert nach Band (röm. Ziff.) und Seite (arab. Ziff.)

- *Griechische Geistesgeschichte*, Stuttgart [2]1944

- *Die Sokratiker*, Jena 1922

- *Die Vorsokratiker*, Düsseldorf, Köln 1978

Patañjali, *Die Wurzeln des Yoga*, Übertragung von Bettina Bäumer, mit einem Kommentar von P. Y. Deshpande, Bern u. a. [7]1993, zitiert nach Teil (röm. Ziffer) und Sutra (arab. Ziffer)

Platon, *Sämtliche Werke,* herausgegeben von Erich Loewenthal, drei Bände, Köln [6]1969, zitiert nach Buch und Ziffer der Stephanusausgabe

— *Sämtliche Dialoge,* herausgegeben von Otto Apelt, sieben Bände, Hamburg 1993, zitiert nach Buch und Ziffer der Stephanusausgabe

Plutarch, *Lebensklugheit und Charakter,* aus der »Moralia«, ausgewählt, übersetzt und eingeleitet von Rudolf Schottlaender, Leipzig 1979

— *Von der Heiterkeit der Seele,* herausgegeben und übertragen von Wilhelm Ax, Zürich 2000

Pohlenz, Max, *Gestalten aus Hellas,* München 1950

Ranke-Graves, Robert von, *Griechische Mythologie. Quellen und Deutung,* Neuausgabe Hamburg 1984

Rüdiger, Horst, *Griechische Lyriker,* übersetzt und erläutert von Horst Rüdiger, Gütersloh 1967

Schwarz, Ernst, *So sprach der Weise. Chinesisches Gedankengut aus drei Jahrtausenden,* übersetzt und herausgegeben von Ernst Schwarz, Berlin 1981

Seneca, *Philosophische Schriften,* übersetzt von Otto Apelt, Wiesbaden 2004, zitiert nach Band (röm. Ziff.) und Seite (arab. Ziff.), ggf. Schrift und Abschnitt; Briefe an Lucilius: Brief und Nr.

— *Epistulae morales ad Lucilium,* herausgegeben und übersetzt von Franz Loretto u. a., Stuttgart 1977 ff

Shankara, *Das Kleinod der Unterscheidung,* Bern u. a. 1981

Snell, Bruno, *Leben und Meinungen der Sieben Weisen,* München [3]1952

— *Die Entdeckung des Geistes. Studien zur Entstehung des europäischen Denkens bei den Griechen,* Hamburg [2]1948

Straub, Lorenz, *Liederdichtung und Spruchweisheit der*

alten Hellenen, Verlag W. Spemann, Berlin, Stuttgart ohne Jahresangabe

Theognis, Mimnermos, Phokylides, *Frühe griechische Elegien*, übersetzt von Dirk Uwe Hansen, Darmstadt 2005, zitiert nach Dichter und Vers (arab. Ziff)

Upanishaden, herausgegeben und eingeleitet von Peter Michel, Übersetzung Paul Deussen, Neuausgabe Stuttgart ²2007, zitiert nach Seite, ferner nach der jeweiligen Upanishad

Xenophon, *Erinnerungen an Sokrates*, übersetzt von Rudolf Preiswerk, Reclam 1992, zitiert nach Buch (röm. Ziff.) und Kapitel (arab. Ziff.)

Zhuangzi, *Das wahre Buch vom südlichen Blütenland*, übersetzt von Richard Wilhelm, Neuausgabe Kreuzlingen, München 2006

DANK

Ich danke Susanne, Katrin, Martina, Steffi, Jochen, Kornel, Günter, Klaus, meinen Lektoren und nicht zuletzt den Lesern meiner täglichen »Worte der Weisheit« für die vielfältigen Anregungen und Kommentare.

Albert Kitzler

WIE LEBE ICH
EIN GUTES LEBEN?

Philosophie für Praktiker

Wer wollte nicht gelassener, glücklicher, bewusster, kurzum: gut leben? Albert Kitzler übersetzt die Gedanken von Aristoteles, Seneca, Konfuzius, Buddha und vielen anderen großen Denkern in die Gegenwart und zeigt, wie wir das Weisheitswissen der westlichen und östlichen Philosophie für unseren Alltag nutzen können.